SANTIFICAR EL TRABAJO

IVES GANDRA MARTINS FILHO

SANTIFICAR EL TRABAJO
El ideal de la excelencia cristiana

Prólogo de Mariano Fazio

EDICIONES RIALP
MADRID

ISBN (edición impresa): 978-84-321-7295-3
ISBN (edición digital): 978-84-321-7296-0
ISBN (edición bajo demanda): 978-84-321-7297-7
ISNI: 0000 0001 0725 313X
Depósito legal: M-25930-2025

Impreso en España   *Printed in Spain*
Anzos, S.L. - Fuenlabrada (Madrid)

ÍNDICE

PRÓLOGO

La ya experimentada pluma de Ives Gandra Martins Filho nos regala este pequeño libro —*Santificar el trabajo*— que transmite en pocas páginas un mensaje inmenso. En la cultura contemporánea hay luces y sombras. Se aprecia positivamente la actividad laboral y, al mismo tiempo, se carece de las herramientas que nos ayuden a descubrir el sentido último del trabajo. A veces el ritmo que nos imponen nuestras obligaciones no nos deja tiempo para pensar cuál es la finalidad última de lo que estamos haciendo. Es necesario rebelarse contra el frenesí de un horario sin pausas, y detenerse, reflexionar y reorientar nuestras actividades para que el trabajo no nos abrume, sino que se ponga al servicio del crecimiento y de la madurez personal de cada uno de nosotros y de la entera sociedad.

En el libro que el lector se apresta a leer encontrará respuestas a los interrogantes sobre ese sentido último del trabajo. Ives Gandra afronta el tema en su integridad, de una manera a la vez clara y sintética, abordando todas las dimensiones del trabajo. Lo hace desde una perspectiva cristiana, pero me atrevería a afirmar que una persona de buena voluntad que no tenga fe también encontrará en sus páginas elementos que le ayudará a meditar, razonar y sacar consecuencias para su vida, marcada habitualmente por las incidencias del trabajo diario.

El autor comienza con una breve introducción histórica sobre la visión cristiana del trabajo en las distintas épocas históricas, para centrarse después en el Concilio Vaticano II y en la doctrina de san Josemaría Escrivá, fundador del Opus Dei, cuyo espíritu gira precisamente en torno a la santificación del trabajo. En un punto de meditación recogido en su libro póstumo *Forja*, san Josemaría escribe: «Las tareas profesionales —también el trabajo del hogar es una profesión de primer orden— son testimonio de la dignidad de la criatura humana; ocasión de desarrollo de la propia personalidad; vínculo de unión con los demás; fuente de recursos; medio de contribuir a la mejora de la sociedad, en la que vivimos, y de fomentar el progreso de la humanidad entera...

—Para un cristiano, estas perspectivas se alargan y se amplían aún más, porque el trabajo

—asumido por Cristo como realidad redimida y redentora— se convierte en medio y en camino de santidad, en concreta tarea santificable y santificadora» (*Forja*, 702).

Creo advertir en este libro un desarrollo profundo de este punto de meditación. El autor pone de manifiesto la dignidad de todo trabajo honesto, y al mismo tiempo abre horizontes que van más allá de una mera consideración humana. Como dice san Josemaría en el texto que acabamos de citar, para quienes hemos recibido el don de la fe "estas perspectivas se alargan y amplían aún más": el trabajo es camino de santidad. Todos estamos llamados a ser santos, y en la inmensa mayoría de los casos el Señor nos llama en medio de las circunstancias más ordinarias, en las que el trabajo ocupa un lugar central.

Ives Gandra, inspirándose en san Josemaría, estructura gran parte del libro en torno a tres ideas: hemos de santificar el trabajo (dimensión objetiva); santificarnos con el trabajo (dimensión subjetiva); y santificar a los demás por medio del trabajo (dimensión intersubjetiva). El trabajo no es un castigo, consecuencia del pecado original —como muchos pensaron a lo largo de la espiritualidad cristiana— sino un don de Dios, que nos invita a colaborar en su obra creadora. En el trabajo encontramos a Dios y ponemos todas nuestras capacidades en su servicio y en el servicio a los demás. Las actividades laborales son un ámbito privilegiado para ejercer tanto las virtudes teologales como las cardinales y las humanas. Además, a través del trabajo vamos tejiendo un entramado de relaciones humanas, que se pueden convertir en ocasiones de apostolado y de evangelización.

Son muchos los desafíos que presenta el trabajo en el mundo contemporáneo. Hay millones de personas que no tienen trabajo, o que carecen de la formación necesaria para ir progresando en sus vidas. Hay otras personas que trabajan demasiado: son los llamados *workaholics*, que convierten su profesión en un ídolo, y dejan de lado sus obligaciones familiares y sociales. Hay quienes acuden cada día a su lugar de trabajo con una sonrisa, y otros que ven las jornadas laborales como un mal necesario para gozar de un *weekend* distendido. Sea cual sea nuestra posición en el mundo, las ideas, consejos y sugerencias de Ives Gandra ayudarán a encauzar lo que haya que encauzar, para encontrar un sentido grande, entusiasmante, impensado a nuestras actividades diarias. Detrás de las incidencias del trabajo podemos descubrir un mundo nuevo, lleno de sentido.

Invito al lector a dejarse llevar por la exposición clara y fluida de las páginas de este pequeño libro, que, como decíamos al principio, abre panoramas inmensos para el cristiano —y para toda persona de buena voluntad— que anhele encontrar un sentido profundo al trabajo de todos los días. La vida ordinaria en ocasiones se nos presenta monótona y sin brillo, pero si leemos este libro con atención, podremos comprender con más profundidad otra afirmación del ya citado santo inspirador de estas páginas: «El trabajo nace del amor, manifiesta el amor, se ordena al amor» (*Es Cristo que pasa*, 48). Y el amor hace nuevas todas las cosas, incluso las más monótonas y ordinarias.

MARIANO FAZIO
Roma, 28 de marzo de 2025
Centenario de la ordenación sacerdotal
de san Josemaría Escrivá

PRESENTACIÓN

Este libro está escrito por alguien que no ha renunciado a la lucha por ser cada día un poco mejor en su vida personal y profesional, y para aquellos que puedan ilusionarse con esta lucha diaria por hacer de este mundo un lugar mejor para vivir, iniciando esta revolución desde nuestro interior.

Evidentemente, se trata sólo de reflexiones personales sobre el ideal de excelencia, tanto técnica como ética, fruto de una experiencia cristiana desde la cuna, pero intensificada a partir de la adolescencia.

En la tradición cristiana, la idea de ser mejor tiene un nombre: santidad. Es una palabra temible cuando se piensa seriamente en ella. O despreciable cuando no se tiene ni idea de lo que realmente significa.

Concebido a principios de este siglo, a petición de un amigo que ahora descansa en paz, pero inédito hasta hoy por una natural inhibición a exponer la propia interioridad o a exigir coherencia, este librito, desde un punto de vista objetivo, es una exposición sencilla de una espiritualidad, aprendida y experimentada a lo largo de casi medio siglo, basada en las enseñanzas de uno de los grandes maestros de espiritualidad —san Josemaría Escrivá de Balaguer— y de la institución que fundó, y que está a punto de celebrar su centenario: el Opus Dei.

El detonante que desencadenó la publicación de esta obra sin pretensiones fue la lectura del regalo recibido de otro amigo, en un momento de despedida: *Los grandes maestros de la vida espiritual*, de Antonio Royo Marín[1]. El reconocido autor traza un recorrido histórico de la evolución de la espiritualidad cristiana, desde las enseñanzas de Cristo y los Apóstoles, pasando por los Padres de la Iglesia, para presentar las distintas espiritualidades religiosas según las reglas escritas por sus fundadores, ya fueran vividas por agustinos o benedictinos, franciscanos o dominicos, carmelitas o jesuitas, salesianos o lasalianos, entre muchos otros.

Al buscar espiritualidades laicales al final del libro, me encontré con el comentario del

---

[1] BAC, 2017.

escritor de que, en su obra, no haría referencia a ningún autor vivo. Esto explicaba por qué no mencionaba la espiritualidad de la santificación del trabajo propuesta por san Josemaría, ya que el libro data de 1973 y el "santo de la vida cotidiana", como le llamó el papa san Juan Pablo II, no murió hasta 1975.

Así, aunque aprecié mucho el libro de Royo Marín y disfruté conociendo las distintas espiritualidades religiosas, todas basadas en el mismo Evangelio, que enfatizan tal o cual aspecto del mensaje cristiano, que pueden ser adaptadas y experimentadas por quienes trabajan en medio del mundo, advertí que faltaba la presentación y descripción de una espiritualidad genuinamente secular, es decir, no adaptada desde el claustro al mundo, sino nacida en la dimensión secular de la existencia humana. En una obra semejante de José Luiz Illanes, *Tratado de Teología Espiritual*, pero aún no publicada en Brasil, llegué a encontrar una exposición más amplia de la espiritualidad laical, en el contexto de la unidad y diversidad de la espiritualidad cristiana[2].

De ahí surgió el deseo de contribuir de algún modo al conocimiento de la teología del trabajo desarrollada por monseñor Escrivá de Balaguer,

---

[2] Eunsa, 2007.

que tanto bien ha hecho a tantas personas en todo el mundo, presentando sus rasgos originales y el "saber hacer" de su vivencia en las circunstancias cotidianas de cada persona.

La diferencia entre esta espiritualidad laical y la adaptación de la espiritualidad religiosa al mundo radica en el equilibrio entre vida activa y contemplativa que propone la primera. En el conocido pasaje evangélico de la disputa entre Marta y María[3], las espiritualidades religiosas ponen el acento en la respuesta de Cristo de que «María eligió la mejor parte», enfatizando la contemplación, mientras que san Josemaría subrayaba que quienes viven en medio del mundo deben ser «Marta y María a la vez», contemplativas en medio del mundo[4].

Quizá llame la atención que la introducción sea tan larga, casi tanto como el núcleo del libro, que son sus tres partes5. Pero yo quería hablar de la teoría, dejando la práctica para el desarrollo y la conclusión. Podría decirse que he seguido, al revés, el consejo de un célebre predicador que,

---

[3] Lc 10, 38-42.

[4] *Es Cristo que pasa*, n. 65, (Rialp, Madrid 1973, actualmente en su 43.ª edición en castellano).

[5] División basada en los tres aspectos de la santificación del trabajo de los que hablaba san Josemaría Escrivá en su predicación.

al enseñar a sus discípulos el arte de un buen sermón, decía: «La introducción debe ser atractiva, la conclusión sustanciosa y el medio debe ocupar el menor tiempo posible entre ambos polos».

En definitiva, el objetivo de estas líneas es presentar una espiritualidad laical, con sus fines (salvación y santificación, por semejanza con Jesucristo) y medios (proyecto de vida espiritual y lucha por adquirir virtudes), que puede experimentarse en el mundo del trabajo, mediante la combinación de la excelencia técnica y ética (trabajo bien hecho y mejora de uno mismo y de los demás). Se trata de conocer y perseguir el ideal de perfección cristiana, que recibe el sencillo pero desafiante nombre de santidad, pero en el trabajo y en la familia.

El Autor

INTRODUCCIÓN
EL TRABAJO Y LA VIDA ESPIRITUAL

I) UN SENTIDO PARA EL TRABAJO

Se cuenta que un día, un hombre que pasaba por delante de un edificio interrogó a los albañiles que trabajaban en la misma obra, haciéndoles la misma pregunta sobre "qué estaban haciendo".

El primer albañil al que se acercó respondió simplemente, un poco desconcertado por la obviedad de la pregunta: «Estoy preparando las piedras para el edificio».

El segundo suspiró con resignación, y contestó: «Me gano la vida para sacar adelante a mi familia».

El tercero, feliz de que le preguntaran por su trabajo, respondió entusiasmado: «¡Estoy construyendo una catedral!».

¡Qué diferencia entre las actitudes de los tres albañiles ante su trabajo!

El primero sólo veía la tarea inmediata, sin ninguna perspectiva mayor.

El segundo veía el trabajo sólo como un medio de ganarse la vida.

Sólo el tercero veía más allá, animado por el ideal por el que trabajaba. Esto explicaba su alegría por el cumplimiento de una tarea quizá monótona, pero con un objetivo grandioso.

Lo que les falta a muchas personas para trabajar con satisfacción es encontrar un sentido superior a su trabajo.

El segundo albañil ya veía un propósito más allá del simple cumplimiento de una tarea concreta. Las distintas motivaciones extrínsecas de la gente para trabajar van en esta línea: la búsqueda de dinero y beneficios, el honor y la gloria personal, el poder y el dominio sobre los demás...

Pero todas estas motivaciones son efímeras, porque están ligadas a la perspectiva meramente temporal de la acción humana. Lo que el hombre necesita descubrir es el "sentido sobrenatural del trabajo": el sentido de la perpetuidad, de la "eternidad" de lo que hace.

Es lo que decía san Josemaría Escrivá de Balaguer: «Los que andan en negocios humanos dicen que el tiempo es oro. —Me parece poco: para los que andamos en negocios de almas el tiempo es ¡gloria!»[1].

---

[1] *Camino*, n. 355 (Rialp 2025, en su edición n.º 100 en castellano).

Gloria con "mayúscula", que significa "Gloria de Dios", trabajo que busca cumplir un plan superior para el que fuimos creados.

La ausencia de este sentido superior para el trabajo conduce fatalmente a la pérdida misma del sentido de la existencia: ¿Para qué tanto esfuerzo? ¿Por qué dedicarse a una actividad tan insensata y desagradecida?

Heidegger, uno de los principales filósofos existencialistas, en su coherencia germánica, llegó a decir que la "existencia auténtica" sería aquella que reconociera la muerte como el fin de todo. La posibilidad del "no ser", del fin de la existencia (porque no aceptaba la existencia de Dios), debería llevar, en su opinión, a un cuestionamiento más profundo de todo lo que el hombre hace: ¿De qué sirve tanto esfuerzo para alcanzar metas efímeras, si un día moriremos y nada de lo que hemos hecho permanecerá?[2].

Necesitamos descubrir un sentido superior para el trabajo, un sentido "trascendente", si no queremos perder el fruto de tanto esfuerzo y la propia alegría de trabajar.

---

[2] Cfr. Martin HEIDEGGER, *Ser y tiempo*, Trotta, 2012.

II) El trabajo no es un castigo

La visión pesimista del trabajo que se observa en la respuesta del segundo albañil a la pregunta sobre lo que hacía está muy arraigada en la mentalidad popular. Incluso es habitual invocar un fundamento bíblico para justificar esta actitud: «Al fin y al cabo, el trabajo es el castigo que recibieron nuestros primeros padres por el pecado original...».

Basta un análisis topográfico del Génesis, el primer libro de la Biblia, que relata tanto la creación como la caída del hombre, para ver que esta visión pesimista carece de fundamento, al menos bíblico: En el capítulo 2 del Génesis se dice que «Dios tomó al hombre y lo colocó en el jardín del Edén para que lo trabajara y lo guardara» (v. 15). Sólo en el capítulo 3 del mismo libro bíblico, tras la consumación del pecado original, aparece la imposición de un castigo al hombre: «Comerás el pan con el sudor de tu frente» (v. 19).

Así pues, el "mandamiento del trabajo" nació con el hombre mismo, como componente constitutivo de su propia esencia y naturaleza. En la *Vulgata* (traducción latina de la Biblia hecha por san Jerónimo a partir del original griego), el *Libro de Job* lleva impresa muy claramente esta idea: «El hombre ha nacido para trabajar, como el ave para volar» (Job 5, 7). La expresión latina que la *Vulgata* utiliza para el versículo 15 del capítulo 2.º del Génesis es que Dios creó al hombre y lo puso en el jardín del Edén *"ut operaretur"*: la traducción portuguesa traduce el verbo *operare* como "cultivar", pero no logra expresar bien que, utilizado en voz pasiva y aplicado al Edén, con el hombre como agente, sería el "trabajo del hombre" —su *"operatio"*— el que transformaría la creación.

El papa san Juan Pablo II, en su encíclica *Laborem Exercens* (Sobre el trabajo humano), basa este mandamiento del trabajo en un pasaje aún más antiguo del *Génesis*. Ya en el capítulo 1.º, Dios dice al hombre y a la mujer: «Creced, multiplicaos, llenad la tierra y sometedla» (v. 28). El dominio sobre la tierra sólo puede lograrse mediante el trabajo humano, intrínseco a la propia naturaleza del hombre desde su creación.

San Agustín distingue cuatro momentos característicos de las condiciones en que tiene lugar el trabajo humano:

a) condición paradisíaca: en el paraíso del Edén, justo después de la creación y antes de la caída original, el trabajo era especialmente honroso y no fatigoso (*operatio illa laudabilior laboriosa non erat*), porque en la tranquilidad de la vida feliz, donde no hay muerte, todo trabajo se reduce a custodiar lo que se tiene (*custodiret*)[3], fluyendo no de la necesidad, sino de la libertad (*non erat laboris adflictio, sed exhilaratio voluntatis*), y desarrollándose en el cultivo de la tierra en virtud de una acción que no es dura ni penosa, sino agradecida y llena de delicias (*per agriculturam non laboriosam sed deliciosam*)[4];

b) condición post-lapsaria: después del pecado original, el trabajo ya no es la *operatio* gratificante para el hombre, sino la *labor* fatigosa, ya sea por el bien de la tierra (*ex terra*), que ahora produce espinas y cardos, ya sea por el bien del hombre mismo (*ex ipso homine*), cuya indigencia ya no permite un trabajo plenamente voluntario, sino un trabajo fruto de la necesidad (*omnium actionum humanarum mater necessitas*)[5];

c) condición redimida: con la venida de Cristo a la tierra, su asunción de la condición humana de trabajador y la redención del pecado que realizó muriendo por nosotros en la Cruz, eliminaron el carácter

---

[3] Cfr. *De Genesi contra manichaeos*, II,5,6.
[4] Cfr. *De Genesi ad litteram*, VIII, 8.
[5] Cfr. *Enarratio in Psalmum LXXXIII*, 8.

angustioso del trabajo para el futuro (*angor curarum*) y devolvieron al hombre la serenidad de alma para trabajar con tranquilidad (*tranquilitas animae*), aunque permanezca la dificultad y la dureza del esfuerzo, como restos del pecado original (*labor membrorum*)[6]; y

d) condición sabática definitiva —el descanso eterno, en el mundo nuevo que vendrá tras la restauración de todas las cosas al final de los tiempos— no será de mera pasividad o calma inoperante, sino de una inefable tranquilidad en la acción callada, alabando a Dios sin cansancio alguno y sin angustia ante las preocupaciones y afanes de esta vida (*sine labore membrorum, sine angore curarum*)[7].

Por lo tanto, del relato bíblico, lo que se puede concluir es que el trabajo era originariamente algo placentero y carente de sacrificios, dado que el hombre gozaba del don preternatural de la impasibilidad: no padecía enfermedades ni sufrimientos en el paraíso terrenal. Tras el pecado original, ese mismo trabajo, dejando de ser

---

[6] Cfr. *De opere monachorum*, c. 26, n. 35.
[7] Cfr. Epist. LV, 17.

29

fuente de gozo y de realización personal en la transformación del mundo, se convirtió en algo que cuesta esfuerzo y que, debido al mayor sacrificio que puede suponer, puede ser fuente de envilecimiento para el propio hombre.

Sobre la realidad del pecado original, G. K. Chesterton reflexionaba bromeando:

> Si es cierto, como lo es, que un ser humano puede llegar a experimentar un placer exquisito despellejando un gato, los pensadores religiosos pueden sacar dos conclusiones. O negar la existencia de Dios, como hacen todos los ateos; o negar que el hombre esté actualmente unido a Dios, como hacen todos los cristianos. Pero los nuevos teólogos creen haber encontrado una solución más racional negando el gato[8].

En otras palabras, el mal humano o el sacrificio del trabajo son realidades que tienen su fuente, no en el plan original de Dios, que, al crear todas las cosas, «vio que todo era muy bueno»[9], sino en la libertad humana, que puede desfigurar la naturaleza y las relaciones sociales[10], haciendo que

---

[8] G. K. CHESTERTON, *Ortodoxia*, cap. 2, Rialp, 2022.

[9] *Génesis* 1, 31.

[10] Como Morgoth, uno de los espíritus creados por el Dios Único Illuvatar, queriendo desarrollar su propio tema

el trabajo parezca un castigo y la convivencia humana un infierno, en la estela de lo que pensaba el filósofo existencialista francés[11].

La fatiga que produce el trabajo, las dificultades que surgen en la realización de cualquier tarea humana, las disputas que pueden llevar a la destrucción de obras objetivamente buenas, no deben hacer perder el entusiasmo por el trabajo y por todo lo que se puede conseguir a través de él.

Así pues, una visión más elevada del trabajo debe ser la base para su mejor realización, especialmente en relación con el desempeño de tareas que no revelan inmediatamente el valor intrínseco del trabajo realizado (tareas poco valoradas y con escasa repercusión en los medios de comunicación, que actualmente se consideran un parámetro de valoración de las distintas funciones sociales).

Por lo tanto, es esencial captar el significado más profundo y elevado del trabajo, sea cual sea la tarea, noble o humilde.

---

musical, en disonancia con el originalmente propuesto, según el relato desarrollado por J. R. R. Tolkien en *El Silmarillion* (Booket, 2009).

[11] «El infierno son los otros» (Jean-Paul SARTRE, *A puerta cerrada*, 1945).

III) El trabajo en la historia de la espiritualidad

El valor del trabajo en la espiritualidad cristiana es reciente. La concepción teológica de que puede y debe ser un camino de santificación personal, de encuentro con Dios y de servicio a las almas se remonta a principios del siglo xx. Fue el mensaje específico difundido por inspiración divina por san Josemaría Escrivá de Balaguer a partir del 2 de octubre de 1928, cuando fundó el Opus Dei.

Para comprenderlo, es necesario hacer un breve recorrido por la historia de la espiritualidad cristiana. Esto no quiere decir que una espiritualidad sea mejor o peor que otra, sino que son distintas, pues todas son manifestaciones de la riqueza y variedad de caminos dentro de la misma Iglesia de Cristo. Para ello, podrían servirnos de guía los estudios de José Luis Illanes, en lo que sería el esbozo de una teología del trabajo, basada en las enseñanzas de san Josemaría[12].

En cuanto al mensaje de Escrivá y la institución que fundó (el Opus Dei), podemos

---

[12] Cfr. *La santificación del trabajo* (Palabra, 10.ª ed. Madrid 2001); *Ante Dios y en el mundo. Apuntes para una Teología del Trabajo* (Eunsa, Pamplona 1997); *Tratado de Teología Espiritual* (Eunsa, Pamplona 2007).

aprovechar lo que él mismo dijo para comenzar esta breve incursión histórica, que no hacía sino recoger lo que estaba en los orígenes del cristianismo y experimentaron los primeros cristianos.

1) Los primeros cristianos

De hecho, los primeros cristianos se santificaron en medio del mundo, trabajando en las profesiones más diversas: artesanos, comerciantes, soldados... incluso senadores romanos. Lo que ocurrió fue que, cuando recibieron el mensaje cristiano y se convirtieron del paganismo al cristianismo, empezaron a considerar su trabajo y su presencia en el mundo de otra manera. Vivir el ideal cristiano, las virtudes humanas y sobrenaturales en el ejercicio de su trabajo, era para ellos no sólo el medio de unirse continuamente a Dios, sino también de dar un testimonio de vida que llevara a sus colegas de profesión a hacerse también cristianos. Este celo y este vigor convirtieron el Imperio pagano en un Imperio cristiano en el plazo de tres siglos[13].

Sin embargo, desde cierto punto de vista, la propia victoria llevaba en sí misma la semilla de

[13] Cfr. Luiz Fernando CINTRA, *Os Primeiros Cristãos* (Quadrante, São Paulo, 2.ª ed. 1991).

la derrota. El Imperio Romano se convirtió oficialmente en cristiano, con todos sus ciudadanos. Tras su caída, los propios reyes bárbaros victoriosos se convirtieron e hicieron bautizar a todos sus súbditos. Así, lo que antes había sido fruto de una conversión personal, que tenía como efecto la fidelidad total a los principios rectores de la religión recibida, se convirtió en el resultado de una simple adhesión externa, espontánea o impuesta, de algo que no tenía mayor resonancia interior.

Lo que vimos entonces fue un Imperio cristiano o reinos cristianos, pero en los que sus miembros no habían asimilado efectivamente el ideal cristiano de santificación personal. El bárbaro convertido por la conversión de su rey seguía siendo bárbaro y continuaba llevando a cabo sus barbaries. Así, los que en realidad tenían un ideal de santidad más elevado, al contemplar el mundo ahora "cristiano" y ver sus frutos, empezaron a concluir que para vivir plenamente el ideal original sería necesario alejarse de ese mismo mundo: surgieron así los primeros anacoretas, hombres que se retiraban al desierto, buscando la contemplación y el encuentro con Dios en la soledad, lejos de las tentaciones del mundo.

En realidad, este alejamiento del mundo ya había comenzado con las persecuciones a los cristianos, en las que, además de los numerosos mártires que adornan la corona de la Iglesia naciente, también hubo apostasías. Royo Marín explica los primeros orígenes del monarquismo oriental al concluir su capítulo introductorio sobre los cristianos de Egipto:

> Finalmente, en el desierto, se encontraron al abrigo de la persecución. Fue una prueba terrible. ¡Tantos cristianos apostataron en la terrible persecución de Decio en los años 249-251! ¿No sería más sabio y prudente —cuando se podía hacer sin traicionar ningún deber— huir al desierto para no exponerse al peligro de renunciar a la fe?[14].

Siempre ha habido tentaciones y siempre las habrá. Los primeros cristianos lo sabían, porque vivían en un mundo paganizado, en marcada decadencia moral, que llevaría a la propia caída del Imperio pagano. Eran un ejemplo de la posibilidad de vivir el ideal cristiano en las peores condiciones, tanto por la corrupción de las costumbres (baste pensar en la prostitución sagrada en los templos paganos, en los espectáculos circenses de las matanzas de gladiadores, en la venalidad de toda la estructura administrativa romana) como por la persecución sistemática de los cristianos

---

[14]Op. cit., p. 75.

(multiplicándose los mártires y confesores que pudieron dar testimonio de su fe con su sangre). Sin embargo, lo chocante, a partir del siglo IV (la conversión del Imperio romano), y sobre todo a partir del siglo V (la caída del Imperio romano de Occidente), fue que el mundo se decía cristiano y mostraba, como realidad, las mismas raíces dañinas del antiguo Imperio pagano (quizá algo atenuadas).

2) Monacato y órdenes religiosas

En este contexto surgió el "monacato", inspirado por Dios, como una forma de encontrarse con Él alejándose del mundo, cuya corrupción o persecución llevaba a alejarse de Dios. El problema es que, con el paso del tiempo y la evolución de la espiritualidad cristiana, este camino pasó a ser visto como "el" camino, el único que podía conducir al hombre a ese encuentro más íntimo con Dios, porque permaneciendo en el mundo, el hombre difícilmente tendría posibilidad de alcanzar el ideal de la contemplación, de la perfección cristiana, del contacto más estrecho con Dios.

Si, por una parte, el camino de los monjes y de la espiritualidad monástica es un camino querido por Dios para los que reciben esta vocación especial, por otra, no es el único camino de espiritualidad, ya que la mayoría de los cristianos tendrán que encontrar a Dios en este mundo, que, con sus problemas y carencias, tendrá que ser santificado y llevado a Dios. Dios no se ha arrepentido de su mandato original de que el hombre se multiplique y domine la tierra: no es a todo el pueblo cristiano a quien le corresponde desentenderse del mundo, sino sólo a algunos elegidos.

Sin querer desentrañar todas las razones de Dios para suscitar en su Iglesia las diversas órdenes religiosas de vida contemplativa por desprendimiento del mundo, dos parecen de importancia fundamental: la primera es que hay almas que se dedican especial y totalmente a la oración (porque el mundo lo necesita), y la segunda es que dan testimonio de que, como decía santa Teresa de Jesús, «sólo Dios basta»[15].

Los padres del monacato oriental fueron san Antonio (250-356), que desarrolló la espiritualidad de los anacoretas (eremitas del desierto) y san Pacomio (292-348), que elaboró las reglas de

---

[15] «Nada te turbe, nada te espante, todo se pasa / Dios no se muda; la paciencia todo lo alcanza; / quien a Dios tiene nada le falta: solo Dios basta» (Santa TERESA DE JESÚS, *Obras Completas*, BAC 1997),

los cenobitas (los primeros monjes que vivieron en comunidades). Por otro lado, el gran maestro y padre del monacato occidental fue san Benito (480-547), cuyo lema para la orden que fundó era «*ora et labora*» (reza y trabaja).

Pero el trabajo, considerado uno de los pilares de la espiritualidad benedictina, no se valoraba en sí mismo, sino sólo como medio ascético de ejercicio manual para conjurar los peligros de la ociosidad y como medio de obtener los recursos para la propia supervivencia. Así, en muchos monasterios benedictinos de la Edad Media, cuando el sustento ya estaba garantizado, el trabajo se limitaba a mantener activado al monje, razón por la cual, por ejemplo, las cestas de mimbre que fabricaban durante el día se desembalaban por la noche, porque lo que importaba era trabajar (el *in fieri*), más que el producto del trabajo (el *in facto esse*). La propia regla benedictina estipulaba en su capítulo IV que «el lugar de trabajo en el que debemos practicar diligentemente todas estas cosas es la clausura del monasterio»: trabajo fuera del mundo y con el único fin de mantener el ánimo.

San Agustín (354-430), llamado a dar su opinión sobre la polémica de los monjes cartagineses, que pretendían estar exentos de la obligación de trabajar manualmente ya que su trabajo sería la oración y la predicación, escribió *De Opere*

Monachorum ("Sobre el trabajo de los monjes"), en el que afirmaba que nada autorizaba al monje a considerarse exento de realizar un esfuerzo para contribuir a su propio sustento y al de la comunidad, aunque era lógico que los cristianos participaran con sus limosnas en el mantenimiento de las comunidades religiosas que no eran autosuficientes[16].

Esta concepción del trabajo comenzó a extenderse a medida que los monasterios se multiplicaban por Europa, convirtiéndose en el foco de un ideal cristiano de santidad y fuente de renovación espiritual: muchos monjes fueran llamados a ocupar sedes episcopales por la santidad de sus vidas. Como consecuencia, el ideal de santidad pasó a considerarse sólo propio de sacerdotes, monjas y religiosos, mientras que el trabajo comenzó a verse únicamente como fuente de sustento y medio para combatir la ociosidad.

3) Las reformas católica y protestante

En el siglo XII, la herejía albigense se extendió por el sur de Francia. Sus propagadores, los

---

[16] J. L. ILLANES, *Trabajo y Vida Cristiana en San Agustín* (Capítulo IV de "Ante Dios y en el mundo" op. cit. pp. 63-91).

cátaros ("puros"), sostenían una visión dualista del mundo, el mal esencial de la materia, y predicaban un desprendimiento que llegaba hasta el suicidio, con un desprecio total de las cosas del mundo por parte de todos: el matrimonio en sí mismo sería una realidad pecaminosa, porque perpetúa la transmisión de la vida. Las actividades terrenas no dirigidas directamente a Dios deberían ser abandonadas por todos aquellos que quisieran salvarse (atacaban también la excesiva preocupación por los bienes temporales que tenían muchos prelados).

Como reacción católica a este movimiento (y también a la excesiva fama de estos prelados que daban mal ejemplo del ideal cristiano), surgieron en el mismo siglo las órdenes mendicantes fundadas por san Francisco de Asís (1181-1226) y santo Domingo de Guzmán (1170-1221), que subrayaban la importancia de la virtud de la pobreza para un seguimiento más eficaz de Cristo. Suponían una renovación de la espiritualidad y del sentido genuinamente cristiano del desprendimento, pero, por otro lado, la propia noción de trabajo como medio de ganarse la vida (tal y como la vivían las órdenes religiosas tradicionales) quedaría descartada, ya que los nuevos monjes predicadores vivirían de las limosnas del pueblo cristiano.

Así, la actividad básica será el estudio de la teología y la predicación.

Con la posterior evolución de las órdenes religiosas, la aparición de órdenes misioneras (barnabitas, jesuitas, etc.), con clérigos regulares (que seguían una "regla", a diferencia de los clérigos seculares, vinculados a diócesis y parroquias) y centrados en obras de caridad, enseñanza o promoción social, se producirá un acercamiento e identificación entre el sacerdocio y la vida de perfección: las actividades objeto de santificación serán las eclesiásticas y ya no las actividades profesionales del cristiano laico. El término "trabajo", para san Ignacio de Loyola (1491-1556), será utilizado como sinónimo de "lucha ascética", y cuando se utilice en plural, será sinónimo de "dificultades" y "obstáculos".

La supuesta valoración del trabajo, iniciada con la reforma protestante, con la visión calvinista del éxito profesional como signo de predestinación divina, se basaba en un fundamento frágil: si, como predicaba Martín Lutero (1483-1546), la salvación viene exclusivamente por la fe, careciendo las obras de mérito ante Dios[17], el trabajo en sí no puede tener ningún valor

---

[17] Cfr. Peter BLANK, *Lutero e seu Tempo* (Quadrante, São Paulo 2018).

redentor para el hombre. Así, en el siglo XVI, tanto en círculos católicos como protestantes, se cerraron las puertas a una concepción del trabajo profesional como medio de santificación.

Fue san Francisco de Sales (1567-1622) quien, en el siglo XVII, hizo el primer intento de esbozar una espiritualidad dirigida a los laicos y a la santificación en medio del mundo y en el desarrollo de las actividades ordinarias, a través de su *Introducción a la vida devota*[18]. Sin embargo, resultó ser una iniciativa aislada, como lo fue santo Tomás Moro (1478-1535) como ejemplo de santificación personal en el ejercicio de cargos políticos durante los duros días de la reforma anglicana[19].

Tras la Revolución francesa, en los siglos XVIII y XIX, se produjo un aparente acercamiento entre las órdenes religiosas y el mundo. Con su supresión por los revolucionarios, surgió la necesidad de crear asociaciones que tuvieran el mismo espíritu que estas órdenes, pero sin hábito externo, para que pudieran continuar su misión de evangelización, ahora más centrada en las actividades humanas. Sin embargo, la

---

[18] *Introducción a la vida devota* (BAC, 2024).

[19] José Lino CURRÁS NIETO, *Thomas More* (Quadrante, São Paulo).

mera cercanía física no era suficiente, ya que el ideal de alejamiento del mundo seguía siendo un concepto religioso vital. El papel en el mundo de estas nuevas órdenes religiosas sería el de alguien que viene al mundo desde fuera para santificarlo.

Las nuevas formas de vida cristiana que surgieron a lo largo del siglo XIX y principios del XX llevaron a la Santa Sede a crear, mediante la Constitución Apostólica *Provida Mater Ecclesia,* institutos seculares, formados por "laicos consagrados", que desarrollarían sus actividades en el mundo, pero con normas y espiritualidad propias de los religiosos[20].

4) *El Concilio ecuménico Vaticano II*

El papa san Pablo VI dijo en una ocasión que el fundador del Opus Dei fue un precursor del Concilio Vaticano II en lo que fue más característico

---

[20] Josemaría Escrivá, cuando el Opus Dei estuvo encuadrado en este molde jurídico (que duró de 1947 a 1982), dejó claro que este ropaje jurídico no se adecuaba al carisma fundacional (cf. Amadeo de FUENMAYOR, Valentín GÓMEZ-IGLESIAS y José Luis ILLANES, *El itinerario jurídico del Opus Dei. Historia y defensa de un carisma"*, EUNSA, Pamplona 1989).

del Concilio: el reconocimiento de la "llamada universal a la santidad"[21].

¿En qué consistió el vanguardismo de san Josemaría Escrivá?

En realidad, hasta el siglo xx no comenzó a desarrollarse una auténtica "teología del trabajo", a la que Escrivá contribuyó de modo sustancial, difundiendo por todo el mundo el mensaje de la santificación del trabajo profesional. Y lo hizo a través de una institución con rasgos claramente diferenciados de los que caracterizan la espiritualidad de las órdenes religiosas.

Cuando tenía 14 o 15 años (nació el 9 de enero de 1902), se dio cuenta de que, en el fondo, Dios quería algo de él, pero no sabía qué era. Decidió entonces hacerse sacerdote (se ordenó el 28 de marzo de 1925), para estar más disponible a la voluntad de Dios. El 2 de octubre de 1928, mientras hacía su retiro espiritual, *"vio"* el Opus Dei (esta es la expresión que utilizó al referirse a la fundación): personas santificándose en medio del mundo, en el ejercicio de las más diversas profesiones[22].

---

[21] Álvaro del Portillo, *Entrevista con el fundador del Opus Dei* (Rialp, Madrid).

[22] Andrés Vázquez de Prada, *El fundador del Opus Dei* (Rialp, Madrid); Hugo de Azevedo, *São Josemaría Escrivá*

El carácter sobrenatural del mensaje recibido por Escrivá se manifiesta en la forma en que se expresa en sus primeros escritos. Su predicación original no es de tipo argumentativo, como quien ha reflexionado mucho sobre los problemas de la espiritualidad cristiana en el mundo del trabajo y quiere convencer a sus oyentes del fruto de sus reflexiones. Es una predicación de tipo asertivo, con afirmaciones rotundas sobre el valor, la dignidad y la importancia del trabajo, como encuentro con Dios y servicio al prójimo, dando a conocer la experiencia espiritual de la que fue objeto en octubre de 1928, donde Dios iluminó el mundo del trabajo con la perspectiva de la santificación[23].

Cuando empezó a divulgar este ideal, fue considerado loco y hereje: cualquier ideal más elevado de perfección cristiana sólo sería adecuado para sacerdotes y monjas; para los casados y los trabajadores del mundo, bastaría con salvarse.

Hasta entonces, la visión de la santidad había sido aristocrática: la santidad era privilegio de unos pocos, de unas pocas almas elegidas que, para alcanzarla, debían abandonar el mundo y

---

– *Uma Luz no Mundo"* (Minha Biblioteca Católica – 2021 – Dois Irmãos).

[23] Cfr. José Luis ILLANES, op. cit., p. 110.

dedicarse exclusivamente a perfeccionar su alma. La propuesta de Escrivá es, si se puede llamar así, más democrática: la santidad está al alcance de todos. El empresario, la madre de familia, el obrero, el futbolista, el parlamentario, el artista de televisión, el campesino, la criada, el profesor universitario... hasta el abogado puede ser santo.

Incluso los abogados, porque la fama de los abogados en la Edad Media era tal que se escribieron versos jocosos sobre San Yves, el patrón de la abogacía:

Sanctus Ivus erat britus,
advocatus et non latro,
res miranda populo[24].

El mensaje que Josemaría Escrivá se empeñó en difundir sería plenamente aceptado por el Magisterio de la Iglesia en el Concilio Vaticano II.

Pero ¿qué fue el Concilio? ¿Y en qué consistió su mensaje innovador, del que Escrivá fue precursor? El Concilio Vaticano II fue convocado por san Juan XXIII en 1959, comenzó oficialmente

---

[24] «San Ivo era bretón, abogado y no ladrón, lo que era admirable para el pueblo» (Arthur de CASTRO BORGES, *Santo Ivo. História da Advocacia e do seu Santo Patrono*, LTr - 1994 - São Paulo, 3.ª edición).

en 1962 y concluyó bajo el pontificado de san Pablo VI en 1965. Pretendía afrontar los problemas del siglo XX, renovando las estructuras eclesiásticas e iluminando con la luz del Evangelio las nuevas situaciones del hombre en el mundo actual.

La gran novedad («nuevo como el Evangelio y viejo como el Evangelio») fue la proclamación de que todos los hombres, independientemente de su condición (solteros, casados, viudos, sacerdotes o religiosos), profesión (intelectual o manual) o condición social (pobres o ricos), están llamados a ser santos y a vivir el ideal de la perfección cristiana, cada uno en el lugar y situación en que se encuentre. Esta es "la vocación universal a la santidad en la Iglesia", proclamada por la Constitución Dogmática *Lumen Gentium*, en su capítulo V.

Podemos referirnos a algunos de los párrafos más destacados de este documento del Magisterio de la Iglesia:

Llamada universal a la santidad
39. Por ello, en la Iglesia, todos, lo mismo quienes pertenecen a la Jerarquía que los apacentados por ella, están llamados a la santidad, según aquello del Apóstol: «Porque esta es la voluntad de Dios, vuestra santificación» (*1 Ts* 4, 3; cf. *Ef* 1, 4).

Jesús, maestro y modelo

40. Es, pues, completamente claro que todos los fieles, de cualquier estado o condición, están llamados a la plenitud de la vida cristiana y a la perfección de la caridad, y esta santidad suscita un nivel de vida más humano incluso en la sociedad terrena. En el logro de esta perfección empeñen los fieles las fuerzas recibidas según la medida de la donación de Cristo, a fin de que, siguiendo sus huellas y hechos conformes a su imagen, obedeciendo en todo a la voluntad del Padre, se entreguen con toda su alma a la gloria de Dios y al servicio del prójimo. Así, la santidad del Pueblo de Dios producirá abundantes frutos, como brillantemente lo demuestra la historia de la Iglesia con la vida de tantos santos.

La santidad en los diversos estados

41. Los esposos y padres cristianos, siguiendo su propio camino, mediante la fidelidad en el amor, deben sostenerse mutuamente en la gracia a lo largo de toda la vida e inculcar la doctrina cristiana y las virtudes evangélicas a los hijos amorosamente recibidos de Dios. (...) Aquellos que están dedicados a trabajos muchas veces fatigosos deben encontrar en esas ocupaciones humanas su propio perfeccionamiento, el medio de ayudar a sus conciudadanos y de contribuir a elevar el nivel de la sociedad entera y de la

creación. Pero también es necesario que imiten en su activa caridad a Cristo, cuyas manos se ejercitaron en los trabajos manuales y que continúan trabajando en unión con el Padre para la salvación de todos. Gozosos en la esperanza, ayudándose unos a otros a llevar sus cargas, asciendan mediante su mismo trabajo diario, a una más alta santidad, incluso con proyección apostólica. (...)

Todos los fieles cristianos, en las condiciones, ocupaciones o circunstancias de su vida, y a través de todo eso, se santificarán más cada día si lo aceptan todo con fe de la mano del Padre celestial y colaboran con la voluntad divina, haciendo manifiesta a todos, incluso en su dedicación a las tareas temporales, la caridad con que Dios amó al mundo.

42. (...) Quedan, pues, invitados y aun obligados todos los fieles cristianos a buscar insistentemente la santidad y la perfección dentro del propio estado.

Así, lo que fue la vida de los primeros cristianos, impregnada del ideal de santificación personal en las circunstancias familiares y profesionales en que se encontraban, y que se perdió a causa de las persecuciones y de la corrupción de las estructuras sociales, con la emigración de los idealistas a los claustros, fue recuperada y renovada por el Concilio Vaticano II, y es hoy doctrina común de la Iglesia católica, aunque necesita ser mejor conocida y comprendida.

IV) La llamada universal a la santidad

El mensaje de la santificación del trabajo, difundido desde 1928 por san Josemaría Escrivá y sacramentado por el Concilio Vaticano II en 1965 al hablar de la llamada universal a la santidad, surgió para el fundador del Opus Dei de algunos textos bíblicos emblemáticos:

«Camina en mi presencia y sé perfecto» (Gn 17, 1).

«Santificaos y sed santos, porque Yo soy el Señor, vuestro Dios» (Lv 20, 7).

«Sed perfectos como vuestro Padre celestial es perfecto» (Mt 5, 48).

«Esta es la voluntad de Dios: vuestra santificación» (I Tes 4, 3).

«Nos eligió antes de la creación del mundo para que fuésemos santos y sin mancha en su presencia» (Ef 1, 4).

En estas llamadas, tanto veterotestamentarias como neotestamentarias, vemos cómo Dios propone y vuelve a proponer a todos los hombres el ideal de la santidad y de la perfección. Y la meta es alta, porque el paradigma y modelo propuesto es Dios mismo.

Pero, después de todo, ¿qué significa ser santo?

La idea que generalmente se tiene de un "santo" es muy estereotipada y no se ajusta a los parámetros que definen bien la santidad. Cuando se aplica a una persona viva, suele tener el significado de "bonachón", de alguien con una personalidad deslucida. No retrata el perfil de un carácter firme adornado con sólidas virtudes, del que hace gala un verdadero santo.

«¡Un santo hace milagros!». Esta afirmación, oída en boca de una persona de la calle, es correcta desde el punto de vista canónico, pero sólo apunta a la faceta extraordinaria de la santidad: olvida su referencia a la vida ordinaria y cotidiana, que está en el corazón del mensaje de la llamada universal a la santidad.

San Josemaría Escrivá hizo hincapié en el camino de la santidad en lo ordinario, recordando, como caricatura del camino extraordinario, la imagen de Cristo y la Sagrada Familia dibujada por los evangelios apócrifos (los no reconocidos como verdaderos). En ellos, el Niño Jesús era alabado por san José por reparar milagrosamente una mesa mal hecha[25].

---

[25] Cfr. Josemaría ESCRIVÁ, *Es Cristo que pasa*, n. 50.

Desde el punto de vista de un proceso de canonización, la última etapa para declarar santa a una persona es el reconocimiento de algún milagro comprobado, por el que se atribuye la intercesión del "candidato" a los altares.

Es interesante conocer, aunque sea en términos muy generales, las etapas de un proceso de canonización, ya que ellas pueden darnos algunos parámetros para entender lo que la Iglesia católica considera santidad.

El proceso comienza con la petición de la causa ante la "Congregación para las Causas de los Santos" (organismo de la Santa Sede encargado de estos procesos), en la que se intenta demostrar que el "Siervo de Dios" (así se denomina inicialmente al futuro santo) vivió en grado heroico todas las principales virtudes cristianas: las teologales (fe, esperanza y caridad), las cardinales (prudencia, justicia, fortaleza y templanza) y las demás virtudes morales (humildad, desprendimiento, castidad, etc.).

El santo es, pues, en primer lugar, la persona que se esfuerza por vivir todas las virtudes cristianas con heroísmo, es decir, con espíritu de abnegación. Es la persona que se esfuerza por encarnar en su vida y reflejar en su comportamiento el ejemplo de las virtudes que Cristo vivió y enseñó.

Cuando la Iglesia, estudiando los testimonios y documentos contenidos en el proceso, concluye que el "Siervo de Dios" llevó una vida santa, lo proclama "Venerable". Pero sólo después de que se haya demostrado que obró un milagro tras su muerte lo declarará "Beato". La canonización llega más tarde, cuando se demuestra que se ha producido un nuevo milagro tras la beatificación. Entonces la persona puede figurar entre los "Santos" de la Iglesia católica.

San Josemaría Escrivá quiso subrayar el aspecto ordinario de la santidad, la búsqueda de la perfección cristiana en el cumplimiento de los deberes cotidianos del cristiano. Sentía aversión por el "milagrero", por la tendencia a buscar soluciones excepcionales y extraordinarias a los problemas, olvidando la necesidad del esfuerzo personal para hacer realidad este ideal de santificación.

Si consultamos la Sagrada Escritura, la palabra "justo" se utiliza como sinónimo de "santo". En el Nuevo Testamento, se dice que san José fue un «hombre justo» (Mt 1, 19), en el sentido de santo. Esta sinonimia indica que la santidad consiste principalmente en vivir según los mandamientos de la ley de Dios, esforzándose hasta el heroísmo por cumplirlos: es la "justicia" hacia Dios (encarnada en los tres primeros mandamientos) y hacia los hombres (encarnada en los otros siete).

Esta vivencia de la justicia, que es «dar a cada uno lo suyo», mediante el cumplimiento diligente de los propios deberes, es la condición para alcanzar la meta más alta de la santidad, que es la unión con Dios. Así, en el Antiguo Testamento, el autor sagrado dice que «Noé era un hombre justo y perfecto entre los hombres de su generación, y caminaba con Dios» (Gn 6, 9). "Caminar con Dios": este es el medio y el fin de la santidad. Comenzar, en esta tierra, a vivir en unión con Dios, una unión que se consumará plenamente en el cielo.

Nos ha agradado ver cómo el papa Francisco, al hablar de la "llamada a la santidad en el mundo de hoy", comentando las virtudes heroicas de los santos beatificados o canonizados por la Iglesia, pasaba a hablar de los «santos de la puerta de al lado», mencionando los dos principales ámbitos de santificación en el mundo, que son la familia y el trabajo:

Me gusta ver la santidad en el pueblo de Dios paciente: a los padres que crían con tanto amor a sus hijos, en esos hombres y mujeres que trabajan para llevar el pan a su casa, en los enfermos, en las religiosas ancianas que siguen sonriendo. En esta constancia para seguir adelante día a día, veo la santidad de la Iglesia militante. Esa es muchas veces la santidad «de la puerta de al lado», de aquellos que viven cerca de nosotros y son un reflejo de la presencia de Dios, o, para usar otra expresión, «la clase media de la santidad»[26].

La santidad de la clase media no significa mediocridad en la vida cristiana, sino heroísmo escondido, que tal vez no vemos, pero que sentimos al convivir con tantas personas que viven su fe con toda naturalidad, en su vida doméstica o profesional.

V) El mensaje de santificación del trabajo

Este ideal de santidad o perfección cristiana, según Josemaría Escrivá, debe vivirse, en la mayoría de los casos, en medio del mundo, a través del ejercicio del trabajo ordinario, que se convierte entonces en medio y camino de santificación:

> Para un cristiano (...) el trabajo aparece como participación en la obra creadora de Dios (...) además, al haber sido asumido por Cristo, el trabajo se nos presenta como realidad redimida y redentora: no sólo es el ámbito en el que el hombre vive, sino medio y camino de santidad, realidad santificable y santificadora[27].

---

[26]Papa FRANCISCO, Exhortación apostólica *Gaudete et Exultate*, n. 7.

[27]Josemaría ESCRIVÁ, *Es Cristo que pasa*, n. 47.

Aquí se exponen claramente las dos razones por las que el trabajo es un medio de santificación para los cristianos:

1) Participación en la obra creadora de Dios

Es a través del trabajo como el hombre, en cierto modo, continúa la obra creadora de Dios, transformando el mundo en el que vive mediante el desarrollo de todas sus potencialidades.

Esta actividad de continuación de la creación se subraya en el Génesis cuando se señala, para justificar que aún no hubiera plantas en la tierra, que «no había hombre que labrara la tierra» (Gn 2, 5). De este modo, el trabajo humano aparece como una actividad querida por Dios para desarrollar todo el potencial contenido en la Naturaleza (basta ver la evolución de los descubrimientos humanos de la energía eléctrica, nuclear o eólica).

A imagen del *Génesis*, en el que Dios creó el mundo en seis días y "descansó" el séptimo del trabajo realizado, el hombre imita también al Creador, trabajando durante los seis días de la semana laboral y descansando el séptimo, cuando le rinde el culto debido. Este relato antropomórfico nos da la verdadera dimensión e importancia del trabajo en el plan creador y redentor de Dios.

San Basilio (331-379), en sus homilías sobre el *"Hexamerón"* (Trabajo de los 6 días), subraya que el dominio del hombre sobre el resto del universo material procede de su racionalidad: la razón no sólo confiere al hombre una dignidad superior, sino que le permite dominar a todos los demás seres, liberando todo el potencial de la naturaleza. Así, el trabajo sería fruto de la inteligencia humana, pero estimulado por la necesidad de suplir la indigencia y las limitaciones del ser humano. Así surgieron todas las artes y profesiones[28].

La importancia de esta participación es subrayada por santo Tomás de Aquino (1221-1274), para quien Dios gobierna el mundo apoyándose en la acción de los seres creados; y el hombre, cuando domina y ordena las cosas creadas, ejerce una "providencia subordinada" a la Providencia Divina[29].

Además, en palabras de santo Tomás de Aquino, lo que da unidad a toda la creación es la interconexión entre los seres creados como causas,

---

[28] Cfr. *"El Trabajo en la Perspectiva de la Creación. Examen de las Homilías sobre el Hexamerón de San Basilio de Cesarea"*, en J. L. ILLANES, *Ante Dios y en el mundo* (op. cit., pp. 57 y 58).

[29] *Summa contra Gentiles*, 3, 21 (BAC, 1968 Madrid, edición bilingüe latín-castellano).

es decir, como dotados de acción los unos sobre los otros. La unidad del cosmos es una unidad de acción[30], en la que el hombre, como causa principal de la transformación del mundo, mediante su trabajo, coopera con Dios para la consumación del proyecto divino del Nuevo Mundo, después de su consumación. Y el mundo que será transformado al final de los tiempos será *este* mundo preparado por el hombre mediante su trabajo, tanto en su propia transformación (virtudes adquiridas) como en la de las cosas creadas (obras realizadas):

> Todos los frutos excelentes de la naturaleza y de nuestro esfuerzo, después de haberlos esparcido sobre la tierra en el Espíritu del Señor y según su mandato, los encontraremos de nuevo limpios de toda mancha, iluminados y transfigurados cuando Cristo entregue al Padre el reino eterno y universal[31].

De hecho, la obra misma de la Creación tiene un carácter dialógico entre Dios y el hombre[32]. Dios comienza su diálogo con el hombre creando el mundo material y ofreciéndoselo al hombre de

---

[30] *Summa Theologiae* 1, q. 104, a. 2, ad. 1.
[31] Concilio Vaticano II, Constitución *Gaudium et Spes*, n.º 39.
[32] Cfr. José Luis ILLANES, op. cit., pp. 192-193.

forma incompleta. Y la respuesta del hombre a Dios es participar en la obra de la creación, dándole continuidad al desarrollar todo el potencial que la naturaleza ha incorporado en ella. Esta creación divina no era imperfecta, sino incompleta, porque requería una respuesta humana.

En el fondo, al crear al hombre y a la mujer, Dios les dio el doble mandamiento de crecer y multiplicarse, llenar la Tierra y dominarla (cfr. Gen 1, 28), y los hizo así doblemente participantes de su poder creativo, transmitiendo la vida y transformando la Naturaleza. Este es el doble ámbito del ejercicio de la vocación a la santidad del ser humano: la vocación familiar y la vocación profesional.

2) Imitación de Cristo obrero

Pero esta similitud de actividad con Dios se hizo más evidente con la venida de Cristo a la Tierra. El ideal de perfección propuesto por Dios en el Antiguo Testamento era, antes de la Encarnación del Verbo Divino, un ideal abstracto, pues el Dios invisible y Todopoderoso era un modelo lejano e inaccesible.

Con la venida de Cristo a la tierra, asumiendo la naturaleza humana en su totalidad (con excepción del pecado), tenemos ahora un modelo perfecto de santidad al que imitar. Jesucristo es Dios actuando en condiciones humanas. Conocer sus acciones y reacciones, sus palabras y sus silencios, su vida entera, a través de los Santos Evangelios, es tener, para cada situación humana, un parámetro concreto de comportamiento: del comportamiento perfecto de quien es «perfecto Dios y perfecto Hombre»[33].

Pero lo que más debe llamar nuestra atención, si nuestra vocación es ser laicos en medio del mundo, no son los tres años de vida pública de Cristo, con su predicación y milagros, sino el hecho de que antes de ellos vivió treinta años en la oscuridad, en una aldea perdida de Palestina, trabajando como carpintero. Para nosotros, esos treinta años son de una luminosidad sorprendente: Dios ya ha venido a la tierra y ha comenzado su misión redentora, divinizando el trabajo más humilde, para mostrar que cualquier actividad humana noble y honesta es santificable y puede hacernos santos.

Así, mediante el trabajo, participamos no sólo en la obra creadora de Dios, sino también en la obra redentora de Cristo: los logros externos del trabajo transforman el mundo, y el sacrificio con

---

[33] Símbolo Atanasiano (o *Quicumque*), n.º 30.

el que trabajamos nos purifica de nuestras faltas, restaurando la obra original de Dios.

Podríamos preguntarnos por qué Dios quiso nacer en la condición más desfavorecida, trabajar en uno de los oficios más humildes y morir de la forma más dolorosa. Posiblemente para que ningún hombre pudiera decir, en las peores condiciones de dolor y contradicción (que son un eco de la ruptura de la Armonía de la Naturaleza causada por el pecado original), que Dios no comprende sus sufrimientos y dificultades.

No hay hombre en el mundo que haya sufrido tanto, en cuerpo y alma, como Nuestro Señor Jesucristo (basta leer la descripción de su Pasión, con los detalles grabados en la Sábana Santa[34]). Así pues, toda condición humana, por humilde y penosa que parezca, puede contar con la luz de la vida de Cristo para darle un sentido redentor que va más allá de las apariencias de la mirada humana. A nosotros nos corresponde descubrir ese sentido más profundo y permanente.

El problema es que a menudo no aceptamos nuestra condición personal y actual. No santificamos el trabajo concreto que tenemos entre manos o la realidad de nuestra situación familiar

---

[34] Jaime SPINOSA, *O Santo Sudário* (Quadrante, 1998 São Paulo).

porque idealizamos otras condiciones mejores y más favorables, en las que sí sería posible imitar a Cristo o vivir un ideal de perfección personal.

Es lo que Mons. Escrivá llamaba la *mística ojalatera*: ojalá no me hubiera casado con aquella mujer o con aquel marido; ojalá me hubiera hecho abogado en vez de ingeniero; ojalá tuviera aquel trabajo o aquellas herramientas de trabajo; ojalá...

A veces es grande la tentación de la visión preconciliar del ideal de santidad: *¡Ya estoy cansado de este trabajo y de esta familia! ¡Cómo me gustaría retirarme a un convento, estar solo, sin problemas ni líos, simplemente rezando y pidiendo perdón por mi vida pasada! ¡Allí estaría lejos de las tentaciones que ahora me acosan y me hacen caer tan a menudo!*

Pensar así es olvidar que Dios nos espera precisamente en esas condiciones difíciles, que Él mismo ha afrontado, y que nos da su gracia para superar las dificultades, por malas que parezcan. El ideal de santidad hay que vivirlo en esa profesión que has abrazado, con esa mujer o ese marido con el que te has casado, con esos hijos que has tenido y entre esos compañeros con los que convives, y no en otras circunstancias ideales.

Por eso, *Mons.* Escrivá solía decir a las parejas que le visitaban en Roma que cada cónyuge era el camino de santidad del otro: «Fulanito, tu camino de santidad se llama Menganita» y «Menganita, tu camino de santidad se llama Fulanito».

Porque, como veremos más adelante, la santidad consiste en vivir las virtudes, y en el matrimonio estas virtudes se adquieren y se viven con vistas a hacer más feliz a la persona amada. Así, el marido intenta superar sus defectos (que le harán más agradable a Dios) pensando también en su mujer, en cómo hacer más agradable su relación. Y viceversa. Viviendo y contemplando el matrimonio de este modo, la vida conyugal se convierte en un paraíso terrenal: es incluso más fácil aceptar un defecto del otro cónyuge cuando uno piensa que también luchará por superarlo.

Por eso, lo que tenemos que santificar es esta vida concreta, en estas condiciones concretas en las que Dios nos ha puesto, mirando siempre al ejemplo de Cristo, cuyos treinta años de vida oculta deben ser para nosotros un paradigma de la grandeza de la vida ordinaria y de la normalidad.

VI) La triple dimensión de la santificación del trabajo

Lo que san Josemaría predicó durante toda su vida fue que el ideal de la "contemplación" de

Dios (tener una vida contemplativa) no era incompatible con la "vida activa": es posible encontrarse con Dios en medio de la calle, en la cocina entre los cacharros, en la universidad recibiendo o impartiendo clases, en el campo o en la industria, en el Parlamento o en el hospital, en cualquier lugar o profesión honestos. La "vida contemplativa" no es sólo para los religiosos (frailes y monjas), sino también para los laicos, que deben conjugar en su vida las figuras de Marta (vida activa) y María (vida contemplativa), las dos hermanas de Lázaro, en cuya casa se alojó Jesús en Betania: la primera, ocupada en las tareas domésticas, y la segunda, escuchando a Cristo.

El camino para llegar a esta contemplación activa es el trabajo profesional. San Josemaría Escrivá decía que el trabajo es un medio de santificación: el eje en torno al cual gira el ideal de santidad. En él pasamos la mayor parte de nuestra vida y, en rigor, cualquier actividad humana puede considerarse trabajo; y, como tal, toda actividad noble debe ser santificada y transformada en medio y camino de santificación personal.

En una expresión muy acertada, Mons. Escrivá resumió en tres frases todo el ideal de la santidad en el trabajo profesional. Se trata de «santificar el trabajo, santificarse en el trabajo y santificar a los demás con el trabajo»[35]: esta hoja de ruta es la que intentaremos seguir para explicar mejor en qué consiste el ideal de santidad en el mundo.

Santificar el trabajo sería la dimensión objetiva del trabajo santificador, teniendo en cuenta la tarea realizada, que debe ser lo más perfecta posible y ofrecida interiormente a Dios.

Santificarse en el trabajo sería la dimensión subjetiva de la santificación del trabajo, centrada en la adquisición de las virtudes que permiten realizar un trabajo más competente y bien acabado.

La *santificación de los demás por el trabajo* sería la dimensión intersubjetiva de la santificación del trabajo, a través del servicio y del apostolado realizado en el lugar de trabajo, acercando a los demás a Dios.

---

[35] Josemaría Escrivá, *Es Cristo que pasa*, n. 45, también en *Amigos de Dios* (op. cit. n. 9). El papa san Juan Pablo II menciona esta expresión en su libro *La fe de la Iglesia*: «Podemos responder a esta pregunta con la expresión, tan feliz y ya tan familiar para las gentes de todo el mundo, que Mons. Escrivá de Balaguer ha difundido durante tantos años: santificar el propio trabajo, santificarse en el trabajo y santificar a los demás con el trabajo» (palabras del cardenal Karol Wojtyla, Pamplona, 1979, p. 94-95).

PARTE I
LA SANTIFICACIÓN DEL TRABAJO
(DIMENSIÓN OBJETIVA)

Santificar el trabajo es santificar el trabajo mismo. El trabajo santo es agradable a Dios. Es un trabajo que se le puede ofrecer porque está perfectamente acabado y ha sido realizado en constante unión con Dios. De aquí podemos decir que hay tres condiciones que debemos cumplir para lograrlo: 1) realizarlo lo más perfectamente posible; 2) ofrecerlo a Dios; 3) hacer de nuestro trabajo un encuentro con Dios.

I) El trabajo bien hecho

En el Antiguo Testamento, cuando Dios establece los sacrificios que el pueblo debe ofrecerle, exige que la víctima no tenga ningún defecto.

El segundo pecado que relata la Biblia es el de Caín que mata a Abel. ¿Y por qué este asesinato?

Por envidia. Dios había mirado el sacrificio de Abel, pero no el de Caín. ¿Y por qué favoreció Dios a Abel? Porque mientras este ofrecía a Dios lo mejor de su rebaño, sacrificando novillos perfectos, Caín separaba el fruto medio podrido de su cosecha para ofrecerlo a Dios. Por eso Dios se fijó en el sacrificio de Abel, pero no en el de Caín (cf. *Gn* 4, 3-5).

Podemos decir que Caín fue la primera "chapuza" de la historia. Intentó agradar a Dios con material de segunda categoría. Por eso fue rechazado.

Santificar el trabajo significa realizarlo con la mayor perfección posible, pensando que cada actividad terminada debe ser una obra maestra, dentro de las posibilidades de ingenio y tiempo que tenemos. Lo que no puede ocurrir es que veamos el trabajo como una tarea de la que tenemos que deshacernos cuanto antes para dedicarnos al ocio y a *las aficiones*.

Se cuenta de un jefe que, al recibir un informe de un subordinado, lo llamó y le preguntó: —*¿No podrías hacerlo mejor?* El empleado respondió que sí, que podía mejorarlo, y se lo llevó, trayéndolo de vuelta al cabo de un tiempo. El jefe volvió a llamarle y le preguntó de nuevo: —*¿Puedes mejorar aún más este informe?* El empleado se llevó la carpeta a su despacho y volvió con un informe mejor. El jefe le volvió a hacer la pregunta fatal: —*¿Es esto lo mejor que puedes hacer?* El empleado, cansado ya de tantas idas y venidas y convencido de que lo había dado todo en el trabajo, contestó convencido: —*Sí, ¡es lo mejor que puedo hacer!* Cuál fue su sorpresa cuando su jefe le contestó simplemente: —*¡Ahora es cuando lo voy a leer!*

La parte más difícil de cualquier trabajo es el acabado, que convierte la obra en una obra maestra. Los pintores dicen que no terminan sus cuadros, sino que los abandonan, porque quieren mejorar cada detalle. Por supuesto, no se trata de eternizar una tarea, porque una obra acabada es la que se hace a tiempo. En los litigios jurídicos, por ejemplo, la rapidez de una sentencia vale a menudo más que la excelencia de los razonamientos que la sustentan. En lugar de escribir un tratado sobre la cuestión debatida, una sentencia objetiva, clara, sucinta, pero que no deje de abordar todos los argumentos esgrimidos por las partes, y dictada con rapidez, es la mejor expresión de la justicia. La justicia que se retrasa es doblemente injusta.

Es decir, como la virtud está en el término medio entre el exceso y la falta, el trabajo bien hecho está en el equilibrio entre la rapidez y la calidad, entre el "quitarse de en medio cuanto antes" una tarea y el no acabarla nunca por perfeccionismo, entre el costo temporal de una mejora adicional y el beneficio real que este detalle traerá a la obra realizada.

La mejor imagen para entender lo que significa trabajar con perfección es la que nos ofrece Mons. Escrivá, cuando habla de poner las "últimas piedras" en cada tarea:

> Empezar es de muchos; acabar es de pocos. Los que intentamos comportarnos como hijos de Dios debemos ser de los segundos. No lo olvidéis: sólo las tareas realizadas con amor, bien acabadas, merecen ese aplauso del Señor que leemos en la Sagrada Escritura: *El fin de una obra es mejor que su principio* (*Ecl* 7, 9)[1].

Así, por ejemplo, cuando realizamos una reparación doméstica de electricidad o fontanería, terminar bien el trabajo significa volver a colocar las herramientas en su sitio una vez concluido el trabajo. Del mismo modo, un buen cocinero no es sólo alguien que hace buenos platos, sino alguien que sabe mantener la cocina ordenada una vez finalizado el plato "divino". Llegar a la cocina de un reputado chef y encontrar harina por todo el techo, ollas y sartenes abandonadas

---

[1] Josemaría ESCRIVÁ, *Amigos de Dios*, n. 55.

en cualquier rincón, charcos de salsa por el suelo y restos de los más variados ingredientes esparcidos por mesas y fogones resta valor al plato, por muy pulcro que esté emplatado.

Los hombres suelen valorar las primeras piedras, celebrando ceremonias para conmemorar el inicio de un proyecto de construcción. Pero sólo la perseverancia en el trabajo iniciado hará realidad los sueños deseados. Por eso lo más importante son las últimas piedras: las que coronan una obra realizada a la perfección.

Incluso descuidar los detalles puede marcar la diferencia entre el éxito y el fracaso, entre la victoria y la derrota, entre la vida y la muerte. En el capítulo "El minuto decisivo de Waterloo"[2] y en otros de su obra maestra *Momentos estelares de la humanidad*, Stefan Zweig relata algunos momentos históricos decisivos en los que un pequeño descuido fue el responsable de un desastre:

a) En la batalla de Waterloo, el 18 de junio de 1815, cuando el general Grouchy, que perseguía a los prusianos, oyó el estruendo de los cañones en otra dirección, desoyó el consejo de sus subordinados de que la

---

[2] Stefan Zweig, *Momentos estelares de la humanidad*, "El minuto universal de Waterloo" (Rialp, 2022, p. 119).

batalla debía librarse en otro lugar, y continuó su camino, que le llevó lejos del lugar de la lucha. Así, Napoleón no pudo contar con los refuerzos que esperaba... ¡Un pequeño error, que le costó al emperador su corona!

b) En la lucha por conquistar el Polo Sur, en enero de 1912, el capitán inglés Robert Scott, a pesar de haberlo planeado todo meticulosamente, se dejó seducir por sus compañeros, que también querían llegar a la meta con él. Y, cuando todo estaba preparado para que la última etapa la recorrieran sólo cuatro hombres, el comandante permitió que un quinto también fuera... Por ese motivo, en el camino de vuelta faltaron provisiones y el grupo acabó muriendo antes de llegar al campamento[3]... a sólo unos cientos de metros de su posición. ¡Solo un pequeño detalle, pero que les costó la vida!

c) En la conquista de Constantinopla por los turcos en 1453, se dice que colaboró, aunque sin quererlo, un guardia que olvidó cerrar la puerta de un muro lateral. Por allí

---

[3] Véase también Apsley CHERRY-GARRARD, *A Pior Viagem do Mundo* (Companhia das Letras, 1999, São Paulo, la traducción es nuestra).

entraron los invasores tras un largo asedio a lo que parecía una fortaleza inexpugnable... Fue un pequeño desliz, ¡pero costó la caída del Imperio Romano de Oriente!

La perfección en el trabajo implica adquirir los conocimientos básicos del campo de actividad al que nos dedicamos y estar al día de los avances que esa ciencia o técnica ha alcanzado. De ahí la necesidad de un espíritu constante de estudio y actualización. Para los estudiantes, durante su etapa escolar y universitaria, su labor profesional es el estudio, que deben afrontar con toda la responsabilidad posible. El calibre profesional de un médico, un abogado o un ingeniero se basa, la mayoría de las veces, en la calidad técnica de la formación adquirida durante sus años universitarios. Por eso es necesario comprometerse personalmente a hacerlo bien, independientemente del nivel de la escuela o universidad a la que se haya asistido. El buen estudiante es autodidacta. Con su esfuerzo personal suple lo que le falta al profesorado de la escuela a la que asiste.

Las deficiencias en este periodo de formación se apreciarán en las carencias técnicas del futuro profesional, cuya dudosa competencia puede causar daños irreparables.

Sin embargo, el estudio no es sólo para una fase de la vida, durante la adolescencia y la juventud. Debe ser una actitud ante la vida. El buen profesional es el que no abandona los libros al salir de la universidad, y no vive de las rentas obtenidas durante esos pocos años de estudio. Este capital se agotará pronto, dados los nuevos problemas a los que tendrá que enfrentarse y la evolución que se ha producido en su campo.

La actitud de estudio es la voluntad de aprender de todo y de todos: una actitud de observación continua, de escuchar pacientemente y querer captar lo que se nos dice. Pero también una voluntad de estar al día de los avances en el propio campo de conocimiento y de profundizar en lo tratado superficialmente en la escuela o en la universidad.

Un trabajo bien hecho es el que se realiza con competencia profesional. Una persona que intenta trabajar bien y dar lo mejor de sí en el trabajo está humanamente preparada para comprender la espiritualidad del Opus Dei, la santificación del trabajo profesional. Sólo necesita descubrir la dimensión superior, sobrenatural, del trabajo humano.

II) El trabajo ofrecido a Dios

Pero no basta trabajar bien para santificar el trabajo. Un pagano que trabaja exclusivamente con fines de lucro puede trabajar igual o mejor que un cristiano consecuente, pero no estará santificando el trabajo. Lo que hace a un mártir no es la muerte, sino la razón por la que muere.

Por eso, una condición indispensable para santificar el trabajo es ofrecerlo explícitamente a Dios. Una buena práctica para ello es hacer el "ofrecimiento de obras" cada mañana al levantarnos: ofrecer a Dios de antemano todos los trabajos del día, todos los sacrificios que tengamos que pasar, de modo que todo lo que hagamos o suframos durante el día sea por Dios y para Dios.

Hay un pasaje del Evangelio en el que Cristo critica a los fariseos por no seguir el precepto de honrar al padre y a la madre, dando más importancia a sus tradiciones:

> Moisés dijo: «Honra a tu padre y a tu madre, y el que maldiga a su padre o a su madre será reo de muerte». Pero vosotros decís: «Si un hombre dice a su padre o a su madre: "Corban", es decir, "Ofreced a Dios", lo que os sea útil de mi parte, queda liberado de su obligación». Así anuláis la palabra de Dios por vuestra tradición (*Mc* 7,10-13).

Pues bien, olvidando el mal uso de la expresión por parte de los fariseos, podemos pensar que también nosotros, cuando ofrecemos nuestras obras por la mañana, estamos ofreciendo todo a Dios: todo lo que hacemos es un *"corban"*, una ofrenda a Dios. Y si es una ofrenda a Dios, debe ser perfecta, porque Dios no acepta un sacrificio mal hecho.

Otro momento del día en el que también ofrecemos nuestras obras a Dios es durante la Presentación de los dones en la Misa. Cuando, después de la lectura del Evangelio, el sacerdote prepara las ofrendas que serán consagradas, podemos unirnos a este sacrificio ofreciendo de corazón las obras del día, diciendo, por ejemplo: *Te ofrezco, Señor, junto con este cáliz y esta patena, todas las obras de mi día, para que sean tuyas y, unidas a tu sacrificio, adquieran un valor infinito.*

En efecto, todo lo bueno que hacemos tiene un valor ante Dios: un valor meritorio, es decir, "que merece" —porque Dios lo ha establecido— una recompensa en la otra vida. Pues bien, las acciones humanas tienen en sí mismas un valor finito ante Dios, porque somos meras criaturas. En cambio, las acciones de Cristo, Dios-Hombre, tienen un "valor infinito" ante el Padre, capaz de pagar por nuestros pecados. Por eso, si unimos nuestro pequeño sacrificio al sacrificio de Cristo en la cruz, que se renueva diariamente de modo incruento en nuestros altares cuando se celebra la Santa Misa, nuestro sacrificio personal se reviste de la grandeza de los méritos de Cristo y adquiere así un "valor infinito" ante Dios.

La Misa dominical a la que asistimos dura toda la semana. Si es diaria, dura las 24 horas del día, porque tratamos de ofrecer nuestro trabajo a Dios, con el sacrificio que Él nos exige para realizarlo con la mayor perfección posible. Podríamos decir que nuestra mesa de trabajo es nuestro altar, donde ofrecemos a Dios nuestro esfuerzo diario, en unión con Cristo, que luego renovamos participando en el sacrificio de la Misa.

Pero no son sólo estos dos momentos del día en los que podemos ofrecer nuestras obras a Dios. Debemos renovar esta ofrenda inicial en más ocasiones a lo largo del día. Al comienzo de cada nueva tarea, podemos ofrecerla expresamente a Dios rezando un Avemaría, un Padrenuestro o una breve jaculatoria (es decir, una frase corta ofreciendo esa tarea a Dios. Por ejemplo: *Esta obra, Señor, te la ofrezco por amor*).

Cuando presido juicios en mi tribunal, siempre empiezo la sesión así: *Invocando la protección de Dios para nuestro trabajo de hoy, declaro abierta esta sesión...* También observo que cuando un colega entra en la sala, hace la señal de la cruz, pidiendo la misma protección. Es una sana costumbre desde hace años.

Hay una oración tradicional de la Iglesia, que se encuentra en los devocionarios de acción de gracias, cuya conclusión da esta dimensión de ofrecer continuamente nuestro trabajo a Dios:

> *Infunde, Señor, tu gracia en nuestras acciones y ayúdanos con ella a terminarlas, para que todos nuestros trabajos y oraciones comiencen y terminen siempre en ti* [4].

Este es nuestro objetivo y el sentido de nuestro trabajo: trabajar por Dios y para Dios; trabajar por amor a Dios y al prójimo; hacer del trabajo un encuentro, un diálogo continuo con Dios.

El problema es que el trabajo nos absorbe tanto que podemos olvidar *por quién doblan las campanas* [5]. Por eso, Mons. Escrivá recomendaba utilizar lo que él llamaba "industrias humanas" o "recordatorios" de la presencia de Dios, que vela por nosotros mientras trabajamos, como un modo de acordarnos de Dios mientras trabajamos: tener un crucifijo o una imagen de la Virgen sobre la mesa

---

[4] Cántico de los Tres Jóvenes (*"Trium Puerorum"*).
[5] Título de una novela de Ernest Hemingway.

o en la pared, a la que dirigir a menudo la mirada cuando estamos cansados de la tarea, y que nos devuelva el ánimo para continuar.

> Me preguntas: ¿por qué esa cruz de palo? —Y copio de una carta: «Al levantar la vista del microscopio, la mirada va a tropezar con la Cruz negra y vacía. Esta Cruz sin Crucificado es un símbolo. Tiene una significación que los demás no verán. Y el que, cansado, estaba a punto de abandonar la tarea, vuelve a acercar los ojos al ocular y sigue trabajando: porque la Cruz solitaria está pidiendo unas espaldas que carguen con ella»[6].

No se trata, por supuesto, de desgranar el rosario mientras se realiza un trabajo intelectual, pues no se haría a la perfección. Se trata, sin embargo, de centrarse en el plan divino, realizando la tarea por amor a Dios y no por vanidad, egoísmo o ambición. Por eso, el espíritu con el que llevamos a cabo esta tarea consiste en elevar con frecuencia nuestro corazón a Dios mientras realizamos la actividad concreta que tenemos entre manos.

Así, por ejemplo, cuando estamos escribiendo un informe o una opinión, al terminar un punto o al cansarnos, rezamos una pequeña jaculatoria a Dios («¡Señor, por ti!») y recuperamos las

---

[6] *Camino*, 277.

fuerzas para continuar. Podemos hacer lo mismo cuando pasamos cada página del libro que estamos estudiando, cuando nos detenemos en cada semáforo, etc.

Lo importante es tener esa rectitud de intención. Si nos damos cuenta de que estamos trabajando por motivos egoístas y mezquinos, tenemos que rectificar, diciéndonos interiormente: «¡Señor, por Ti!». En realidad, sólo cuando nos demos cuenta de que todos los demás motivos son efímeros, descubriremos el valor de esta ofrenda continua de trabajo a Dios.

La historia de san Francisco de Borja (1510-1572) es paradigmática. Cuando murió la reina a la que servía y por la que sentía gran afecto —ella daba sentido a todos sus esfuerzos—, tuvo que acompañar el féretro hasta la ciudad donde sería enterrada. Fueron varios días de cabalgata. Cuando llegó al lugar y el ataúd fue abierto para que certificaran que se trataba del cuerpo de la reina, quedó impactado por el estado de putrefacción de aquel cuerpo, que en vida había sido tan bello. De ahí su exclamación: «¡Nunca serviré a un señor que se me pueda morir!». Abandonando la corte, el entonces duque de Gandía ingresó en la Compañía de Jesús.

Por supuesto, los amores humanos son una razón para trabajar: ¿quién no querría tener una foto de sus seres queridos junto a su escritorio o en su cartera? Son la mejor motivación... Pero todos estos amores humanos tienen que pasar por el amor de Dios, que les da su sentido más noble y elevado.

Santo Tomás de Aquino escribió que «cuando de dos cosas una es razón de la otra, la ocupación del alma en una no impide ni disminuye su ocupación en la otra»[7]. En otras palabras, la ocupación en el trabajo, cuando la razón por la que trabajamos es el amor a Dios, no impide nuestra contemplación, y viceversa: elevar constantemente nuestro corazón a Dios sólo nos ayuda a realizar cada vez mejor el trabajo, porque sabemos que estamos en presencia de Dios, que espera una obra bien acabada.

III) EL ENCUENTRO CON DIOS EN EL TRABAJO

Para santificar el trabajo es necesaria una última condición: hacer de él un encuentro con Dios, lo que significa esforzarse por conservar y crecer en la gracia de Dios, es decir, cultivar su amistad. Esto puede lograrse especialmente cuando se organiza un plan de vida espiritual, en el que

---

[7] *Scriptum Super Quattuor Libros Sententiarum Magistri Petri Lombardi*, d. 44, q. 2, ª 1, sol. 3 ad 4.

se añaden a las horas de trabajo algunas prácticas de piedad que luego ayudan a mantener la presencia de Dios a lo largo del día, tanto en el trabajo como en las actividades familiares, sociales o de ocio.

1) La gracia divina

Últimamente, la expresión «estado de gracia» se utiliza para decir que a una persona «le va bien en la vida»: es feliz, porque todo le sale bien. Sin embargo, el significado original y específicamente religioso de la palabra se refiere al hecho de que una persona está "en gracia de Dios". De hecho, la palabra "desgraciado" significaba originalmente haber perdido la gracia divina. ¿Y qué es la "gracia divina"?

Cuando Dios creó al hombre, le dio, además de los dones naturales (inteligencia, voluntad y otras características de la naturaleza humana), los llamados "dones preternaturales" y el "don sobrenatural" de la "gracia".

Sabemos que el hombre recibió los "dones preternaturales" a través de la descripción bíblica de las consecuencias del pecado original, porque habrían sido perdidos por el hombre en aquella ocasión. Así, tras el pecado original, el hombre perdió los dones de:

a) la inmortalidad, por la que pasaría directamente al Cielo, sin el trance de la muerte (*«No comas del árbol de la ciencia del bien y del mal, porque el día que de él comas morirás»*, Gn 2, 17);

b) impasibilidad, por la que no sufriría enfermedad ni dolor (*«con dolor darás a luz a tus hijos»*, Gn 3, 16; *«con el sudor de tu frente comerás el pan»*, Gn 3, 19);

c) el conocimiento proporcionado, por el que nuestros primeros padres recibieron de Dios el conocimiento adulto (*«Adán puso nombre a todas las aves del cielo y a las bestias de la tierra»*, Gn 2, 19); y

d) la integridad, por la que la razón dominaba totalmente sobre los instintos (*«vieron que estaban desnudos»*, Gn 3, 7).

Sin embargo, el mayor don de todos fue el de la "gracia", que, como su nombre indica, es totalmente gratuito, ya que no corresponde a ninguna exigencia de la naturaleza humana.

La "gracia" se define como una participación en la naturaleza divina. Dios nos eleva a la condición de hijos adoptivos suyos. Por ella participamos en la vida íntima de la Santísima Trinidad: Dios está "dentro de nosotros".

Para comprender mejor estos tres tipos de dones (natural, preternatural y sobrenatural), podemos decir, utilizando la mitología griega como analogía, que el don natural de un caballo es su naturaleza equina (por la que relincha, galopa, da coces, etc.). Si recibiera alas, como "Pegaso", no dejaría de ser un caballo, pero sería un caballo alado, es decir, seguiría siendo un animal con ese don "preternatural" de volar. Pero si recibiera una inteligencia y una voluntad como el "Centauro", esta figura mitológica mitad caballo, mitad hombre, con este don "sobrenatural", participaría de la naturaleza racional del hombre, y este podría hablarle.

Pues bien, respetando la analogía, podemos decir que, con la "gracia", nos convertimos, en cierto modo, en "pequeños dioses": podemos entablar un diálogo con Dios, teniéndolo en gracia en nuestra alma.

Sin embargo, el pecado grave hace que Dios se aleje del alma que, al ofenderle, se encuentra en estado de enemistad con Dios. Es lo que sucedió a Adán y Eva después del pecado original. La Biblia dice que *«se escondieron de Dios»* (*Gn* 3, 8). ¿Por qué? Porque perdieron la intimidad que antes tenían con Él.

Las obras realizadas sin el estado de gracia carecen de mérito sobrenatural, es decir, no merecen un premio eterno, sino sólo temporal. Después del pecado original, el hombre recuperó

84

la gracia mediante la muerte de Cristo en la cruz, que pagó por nuestros pecados. En consecuencia, cada uno de nosotros recibe originalmente la gracia por el sacramento del bautismo y, cuando la perdemos por el pecado grave, la recuperamos por el sacramento de la confesión.

Por eso, si queremos santificar nuestro trabajo, lo más aconsejable es una buena confesión, siempre que seamos conscientes de que hemos ofendido gravemente a Dios en alguno de sus mandamientos. Esto se debe a que, usando una analogía bancaria, nuestras buenas acciones son el capital que acumulamos en el cielo cuando las realizamos en estado de gracia. Cuando morimos, podemos retirar nuestro capital acumulado de esta cuenta bancaria con un cheque para entrar en el cielo. Cuando perdemos la gracia por el pecado mortal, perdemos no sólo el talonario, sino también los propios ingresos que podrían tener las obras realizadas en ese estado. Por eso, es esencial que recuperemos la gracia de Dios lo antes posible, mediante la confesión, para no perder el mérito sobrenatural de nuestras buenas obras.

2) El plan de vida espiritual

Para alcanzar este ideal de santidad en el mundo a través del trabajo, san Josemaría enseñó el *"know how"*: cómo encontrar a Dios y tratarle en medio de las actividades cotidianas.

El principal camino para alcanzar el ideal de santificación en el trabajo ordinario es organizar un plan de vida espiritual que constituya una rutina "religiosamente" seguida, de tal modo que ese orden pueda garantizar que, en cada momento, estamos haciendo lo que Dios espera de nosotros, amándole en cada tarea concreta que tenemos que realizar.

¿Quieres de verdad ser santo? —Cumple el pequeño deber de cada momento: haz lo que debes y está en lo que haces[8].

Saber lo que tenemos que hacer en cada momento es fruto de una planificación, según una jerarquía de valores y prioridades. Y luego, «estar en lo que haces» significa poner los cinco sentidos en la tarea, superando las distracciones de la "imaginación", que nos hace perder el tiempo soñando con el futuro, o de la "memoria", que nos hace quedarnos anclados en el pasado, recordando los "mejores momentos", sin afrontar la tarea que tenemos por delante, con el sacrificio que exige.

---

[8] *Camino*, n. 815.

Tener un plan de vida espiritual es tener algunos momentos del día que dedicamos especialmente a nuestra relación con Dios, de tal manera que estas "comidas" nos mantengan en su presencia durante todo el día. Estos momentos de "trato" con Dios podrían ser los que se enumeran a continuación, a modo de sugerencia.

Por supuesto, no se trata de empezar todas estas prácticas a la vez. Puedes ceñirte sólo a unas pocas o ir incorporándolas poco a poco a tu rutina. La idea básica es que podamos poner "un poco más de Dios" en nuestros días y en nuestra rutina de trabajo.

a) Ofrecimiento de obras

Comienza el día saltando de la cama en cuanto suene el despertador, en el "minuto heroico" (el heroísmo de superar la comodidad de la cama), y rezando una oración muy breve en la que ofrezcas a Dios las obras del día. A partir de ese momento hay una "obligación moral" de hacerlas bien, porque ya no nos pertenecen, han sido ofrecidas a Dios. Podemos renovar esta ofrenda muchas veces a lo largo del día, viviendo muchos otros "minutos heroicos": empezar un trabajo aburrido, dar una lección a una clase difícil, acostarse a una hora fija —de lo contrario, tampoco podrás despertarte a tiempo—.

b) Leer el Evangelio

El fundador del Opus Dei solía poner la siguiente dedicatoria en los libros sobre la Vida de Cristo que ofrecía a la gente: *«Que busques a Cristo, que encuentres a Cristo, que ames a Cristo»*. Cristo es Dios actuando en condiciones humanas: lo Invisible se hace visible para servirnos de modelo a imitar. La persona de Cristo era atractiva para sus conciudadanos: sus obras y enseñanzas llevaron a muchos a seguirle, sobre todo cuando dijo: «Yo soy el Camino, la Verdad y la Vida». Pues bien, nosotros conocemos la "Verdad" que es Cristo, teniendo bien definido el "Camino" a seguir cuando leemos el Evangelio. Santa Teresita de Lisieux decía: «Yo ya no encuentro nada en los libros, a no ser en el Evangelio».

Leer el Evangelio todos los días es fundamental para captar el modo práctico en que Cristo vivió todas las virtudes. Al mismo tiempo, debemos encontrarnos personalmente con Cristo en el Evangelio, situándonos como un personaje más, como invitaba a hacer san Josemaría.

Antes de salir para el trabajo, dediquemos cinco minutos a leer el Evangelio, para conocer la vida de Cristo de tal modo que sus enseñanzas iluminen nuestra jornada y el ejemplo de sus virtudes nos anime a imitarle. Con esto, en unos meses habremos leído los cuatro Evangelios y las Epístolas que componen el Nuevo Testamento[9]. Terminado el ciclo, volvemos a empezar, de modo que con el tiempo tengamos la vida de Cristo como en una película en la cabeza, recordando casi de memoria todos los pasajes: luego nos servirán también para la oración.

Esta lectura debe meditarse: no demasiado a la vez, pero lo suficiente para tener un ejemplo o una idea para cada día. Leer las notas a pie de página, que son comentarios que nos ayudan a entrar en escena y a comprender las circunstancias del relato. Ver a Cristo hablándonos en el tiempo presente: ¿Qué haría Cristo en tal o cual situación?

c) Oración mental

Debemos rezar siempre, y toda ocasión del día es propicia para elevar nuestra alma a Dios[10]. Pero, por otra parte, para que arraigue en nosotros el espíritu de oración, deberíamos incluir en nuestra jornada al menos 15 minutos de "meditación", por la mañana o por la tarde, para hablar con

---

[9] Geraldo Morujão, *O que são os Evangelhos?* (Quadrante, 1992 São Paulo).

[10] Cfr. Ângelo Caldas, *Em Conversa com Deus* (Quadrante, 1989).

Dios, intentando conocerle y conocernos mejor, aprovechando los puntos de reflexión de un libro apropiado[11]. Es uno de los momentos más fuertes del día: nuestra "entrevista" privada con Dios, con quien abrimos nuestra alma, desprendiéndonos de nuestras preocupaciones y reflexionando sobre lo que nos habla dentro del corazón.

Si la oración es un diálogo con Dios, es porque tanto nosotros como Dios hablamos:

—Comenzamos nosotros la oración: «*Señor mío y Dios mío, creo firmemente que estás aquí, que me ves, que me oyes. Te adoro con profunda reverencia. Te pido perdón de mis pecados y gracia de hacer con fruto este rato de oración. Madre mía Inmaculada, san José, mi padre y señor, ángel de mi guarda, interceded por mí*»[12].

—Dios nos habla a través del texto del libro que utilizamos para nuestra meditación;

—Continuamos el diálogo cuando le contamos lo que nos pasa en relación con ese tema, meditando sobre el texto leído;

[11] Cfr. Luiz Fernando Cintra, *Como Orar?* (Quadrante, 1996).

[12] En *"Seleta de Orações"* (Domus Livraria, 2003 São Paulo), p. 18.

—Dios nos responde a través de las inspiraciones que percibimos en nuestro interior, para que mejoremos en ese aspecto y encontremos el modo de superar un defecto o adquirir una virtud;

—Concluimos formulando propósitos (y terminamos, después de varias idas y venidas en este diálogo, con la oración final: «*Te doy gracias, Dios mío, por los buenos propósitos, afectos e inspiraciones que me has comunicado en esta meditación. Te pido ayuda para ponerlos por obra. Madre mía Inmaculada, san José, mi padre y señor, Ángel de mi guarda, interceded por mí*»[13]).

La oración juega un papel fundamental en nuestra vida espiritual, porque a través de ella adquirimos una perspectiva sobrenatural de los acontecimientos, forjamos propósitos de santidad y de apostolado, saboreamos la vida espiritual y vemos lo que Dios espera de nosotros.

Cuidar especialmente el tiempo de oración mental significa prepararse bien para este encuentro con Dios, eligiendo el libro y el tema para nuestra meditación (tal vez siguiendo textos escritos para cada día del año con ese fin *(Hablar*

---

[13] *Ídem, ibídem.*

con Dios[14] es un buen ejemplo*)* u optando por otro texto, teniendo una lista de los temas que más nos interesan).

Los temas para la meditación pueden estar relacionados con la devoción tradicional de cada día:

- Lunes (*Ánimas Benditas del Purgatorio*) - Novísimos/Humildad
- Martes (*Santos Ángeles*) - Apostolado/Filiación divina
- Miércoles (*San José*) - Trabajo/Desprendimiento
- Jueves (*Eucaristía*) - Fe/Fortaleza
- Viernes (*Santa Cruz*) - Mortificación/Obediencia
- Sábado (*Nuestra Señora*) - Vida familiar/Santa Pureza
- Domingo (*Santísima Trinidad*) - Amor de Dios / Alegría.

El desarrollo de la oración será más discursivo (meditación) o afectivo (contemplación), según esté más implicada la cabeza o el corazón. En cualquier caso, lo mejor es mantener un verdadero diálogo (y no una mera reflexión), con

---

[14] Francisco FERNÁNDEZ CARVAJAL, *Hablar con Dios*, 7 volúmenes (E. Palabra, Madrid).

sinceridad interior (reconociendo los propios defectos), del que surjan propuestas concretas de mejora en nuestro trabajo, vida familiar y relaciones con los demás.

d) *Ángelus*

Una antigua costumbre de la piedad cristiana es rezar el *ángelus* a mediodía, recordando el momento en que la Virgen recibió la embajada del arcángel Gabriel anunciándole que sería la Madre del Salvador[15].

Esta oración, compuesta en el siglo XIII para ser rezada a mediodía de forma sencilla, pasó a rezarse popularmente tres veces al día a partir del siglo XVII (a las 6:00, a las 12:00 y a las 18:00 h), más tres avemarías. Hasta el siglo XIV, el Avemaría propiamente dicho consistía únicamente en el saludo angélico, al que se añadió, a partir del siglo XV, la jaculatoria *Santa María, Madre de Dios, ruega por nosotros pecadores* y, a partir del siglo XVI, *el Ahora y en la hora de nuestra muerte*[16].

---

[15] Esta y otras oraciones vocales, como el rosario, se encuentran en *Oraciones del Cristiano* (Victorio LORENTE SÁNCHEZ, 2005).

[16] San ALFONSO DE LIGORIO, *Glorias de María*.

Con el *Ángelus* y el Ave María, renovamos la alegría que la Virgen tuvo en el momento de la Anunciación. Y lo rezamos justo a mediodía, recordando que la Encarnación del Verbo Divino marca el centro de la historia humana: y para nosotros, la mitad del día será un momento para recomenzar: rectificar el curso de la jornada y la lucha por vivir en presencia de Dios durante todo el día.

e) Lectura espiritual

El comportamiento humano se basa en ideas: si siembras una idea, brotará una convicción; si la convicción crece, seguirán las decisiones y la acción (las ideas son el fundamento de la acción). El medio más directo de adquirir ideas es la lectura. Y esto es especialmente cierto en el campo de la religión: el conocimiento de la Verdad Revelada.

Así que deberíamos dedicar unos 10 minutos a mitad o al final del día a leer algún libro de formación doctrinal que nos ayude a profundizar en la doctrina cristiana. Esta práctica de la lectura espiritual enriquecerá nuestra vida interior, asentándola sobre bases sólidas (conocimiento de las verdades de la fe y de los mecanismos de la vida espiritual), y servirá también para formar a quienes nos rodean (brindándonos argumentos y ejemplos para el apostolado).

Como dice el adagio filosófico, *"nadie ama lo que no conoce"*: la lectura espiritual nos ayuda a conocer mejor a Dios, para poder amarle más. Debe ser también fuente de piedad (corazón) y de doctrina (cabeza): debe hacer que tengamos «piedad de niños y doctrina de teólogos», como decía Mons. Escrivá. Debe ser atenta, pausada y meditada. Para hacerla en presencia de Dios, podemos rezar una oración vocal antes y después (por ejemplo, un Ave María).

Puedes aprovechar esos libros tradicionales que, aunque a veces son áridos en la forma, son ricos en contenido. Rialp dispone de la colección Patmos de espiritualidad, con libros excelentes publicados para este fin. Lo que no puedes hacer es revolotear entre libros por mera curiosidad, o deambular por lo que lees sin concentrarte cuando no te gusta lo que lees. Procura aprender algo nuevo de cada lectura: intenta resumirla mentalmente cuando la hayas terminado, de modo que se vaya formando nuestra reserva de ideas para la vida interior y el apostolado.

f) Rosario

La principal devoción mariana que podemos poner en nuestro plan de vida es el rezo del Santo

Rosario: conviene rezarlo a diario (antes correspondía a un tercio de la oración completa, ahora a un cuarto, pues a los cinco Misterios Gozosos, Dolorosos y Gloriosos se añadieron cinco misterios más, los Luminosos). Recuerdan los principales pasajes de la vida de Cristo y de la Virgen, en un auténtico "álbum de familia". Es una especie de "serenata" diaria que cantamos a la Madre de Dios.

Podemos rezar el Rosario de varias maneras: a) prestando más atención a las palabras de cada oración (Padrenuestro, Avemaría, Gloria), b) meditando sobre el misterio que estamos contemplando (haciendo una breve pausa antes de cada uno para imaginarlo)[17], o c) pensando en una intención concreta por la que ofrecer cada misterio (por el papa, por los familiares, amigos o los compañeros de trabajo, etc.).

Podemos rezarlo al final del día, en su totalidad, o "por entregas" a lo largo de la jornada, como una oración vocal muy agradecida a la Virgen, que tantas bendiciones ha recibido de los

---

[17] «Antes de cada decena, se indica el misterio que se va a contemplar. —Tú... ¿has contemplado alguna vez estos misterios?» (Josemaría ESCRIVÁ, *Santo Rosario*, "Al lector", Rialp).

papas[18] (gusta tanto a la Virgen que Ella misma expresó su agrado por él en la aparición de Fátima, cuando dijo a los tres pastorcillos: *«Yo soy la Señora del Rosario»*)[19].

g) Examen de conciencia

Antes de acostarse es aconsejable hacer un breve examen de cómo ha ido el día, recordando nuestras faltas —para pedir perdón a Dios—, y nuestras victorias —para darle gracias—. Es un medio indispensable para lograr el conocimiento

---

[18] «Es la forma más excelente de oración meditativa, constituida a modo de corona mística en la que el saludo angélico, la oración dominical y la doxología de la Augusta Trinidad se entrelazan con la consideración de los más altos misterios de nuestra fe; en ella, a través de muchas escenas, la mente contempla el drama de la Encarnación y Redención de Nuestro Señor» (Juan XXIII, Encíclica *"Grata Recordatio"*, 26/09/59).

«¡Qué lejos del camino de la verdad están los que desprecian esta oración, encontrándola tediosa por la repetición constante de las mismas oraciones! A ellos hay que hacerles notar, ante todo, que la piedad —como el amor— no se cansa nunca de repetir una y otra vez las mismas palabras, porque el fuego de la caridad que las enciende hace que contengan siempre algo nuevo» (Pío XI, Encíclica *"Ingravescentibus Malis"*, 29/09/37).

[19] William Thomas WALSH, *Nossa Senhora de Fátima* (Quadrante, 1996, p. 164, la traducción es nuestra).

propio. Se acostumbra a distinguir entre el examen general, que es una visión panorámica de nuestro día y de nuestras faltas, y el examen particular, que se centra en detectar y combatir nuestro defecto dominante: aquel que parece ser el principal entre los muchos que tenemos y que nos esforzaremos por corregir de modo particular[20].

Para el examen de conciencia, podemos utilizar el lema de san Juan de la Cruz: «En el atardecer de la vida, seremos juzgados en el amor». En otras palabras, podemos pensar que al atardecer debemos examinarnos fundamentalmente sobre el amor: si ese día hemos vivido con hechos el amor a Dios y al prójimo, porque eso es lo que en definitiva importa en la vida: «Obras son amores y no buenas razones», como dice el refrán popular.

h) Santa Misa

Decía el fundador del Opus Dei que la Santa Misa es el centro y la raíz de nuestra vida interior. El centro porque en ella convergen todas nuestras acciones. Todo lo que hacemos durante el día tiene un valor ante Dios, cuando el trabajo se realiza según la ley natural que Dios ha puesto

---

[20] J. Malvar Fonseca, *Conhecer-se* (Quadrante, 1986).

en el corazón del hombre. Sin embargo, el único sacrificio de valor infinito ante Dios es el sacrificio de su Hijo Unigénito, cuando ofreció su vida por nosotros en la Cruz. Ahora bien, la Santa Misa es, en esencia, la renovación incruenta del sacrificio del Calvario. En otras palabras, en la Última Cena, Jesucristo instituyó sacramentalmente (en forma de pan y vino) un sacrificio que se consumaría al día siguiente (cuerpo entregado por nosotros; sangre derramada por nosotros) y que sería renovado por los apóstoles y sacerdotes en su memoria y por nuestra salvación. De este modo, nuestras obras adquieren un valor infinito cuando las ofrecemos a Dios en la Misa. Por eso es el centro hacia el que deben converger nuestros esfuerzos.

Es también la raíz de nuestra vida interior, porque en ella alimentamos con fuerza nuestra alma, pidiendo por nuestras necesidades. Debemos aprovecharla para pedir a Dios por ellas y por las de nuestros familiares y amigos. Cuando alguien nos dice que ofreció por nosotros la Misa, podemos estar seguros de que nos hizo el mejor regalo (por ejemplo, en nuestro cumpleaños).

Asistir al Santo Sacrificio del Altar al menos todos los domingos y, si es posible, más veces a la semana, tiene, por tanto, una importancia fundamental para tener y mantener una vida espiritual. En él recibimos la Sagrada Comunión, para que sea el alimento de nuestra vida espiritual. Cuando comulgamos, nos unimos físicamente a Dios, pero a la inversa de lo que sucede en la alimentación humana, en la que asimilamos todo lo que comemos, en la Eucaristía, somos nosotros los que somos asimilados por Dios (nos vamos divinizando). Es el momento de mayor unión del hombre con Dios; la consumación de su amor en la tierra.

Podemos decir que muchos de los problemas a los que se enfrentan ciertos católicos son de pura desnutrición espiritual. La falta de asistencia a la Santa Misa y de comulgar les hace caer en la anemia espiritual, propia de los desnutridos. Debemos darnos cuenta de que el domingo es el día de culto del Señor por excelencia. El tercer mandamiento estipula, con razón, que guardemos el domingo como día de descanso, no sólo para recuperar las fuerzas gastadas durante la semana, sino también para asegurarnos de que podemos dedicar una de las 24 horas de ese día a participar en la Santa Misa.

Algunos católicos que se autodenominan "no practicantes" atribuyen su alejamiento de la práctica religiosa al hecho de que les decepcionó un sacerdote que hablaba más de política y sociología que de Dios en sus sermones, o porque no encontraron en la Misa el consuelo espiritual que buscaban. Hay que recordar a estos católicos que la Misa tiene un valor redentor en sí misma, independientemente de quién la celebre; y siempre es posible encontrar una parroquia en la que, por las circunstancias en que se celebra la Misa (con más o menos cantos, con más o menos sermones), nos sintamos más a gusto para rezar y centrarnos en lo esencial.

Por tanto, si el modo en que se celebra la Misa en la parroquia a la que asistimos nos distrae más que nos ayuda, nada nos impide buscar otra donde podamos recogernos mejor. Lo importante es no dejar de asistir a Misa.

i) Confesión

Es muy recomendable acostumbrarse a confesar periódicamente —aunque no se tengan pecados mortales— para progresar en la vida interior, limpiando los rincones del alma. Cuando descubres el sacramento de la confesión como tribunal de la misericordia divina, donde se perdona a quien confiesa sus culpas, la reacción natural es buscarlo siempre que caigas en una falta grave.

Hacer examen de conciencia para identificar los pecados cometidos (en la línea de los 7 pecados capitales —orgullo, lujuria, pereza, ira, envidia, gula y avaricia— o de los 10 mandamientos), fomentar el arrepentimiento (para ser perdonados) y la resolución de no volver a caer en la misma falta (aun sabiendo que... por debilidad, podemos caer), confesar nuestros pecados ante el sacerdote (confesión auricular y secreta, donde el sacerdote guarda el secreto de confesión), recibir de él la absolución y la penitencia que debemos cumplir, son los pasos para alcanzar todas las gracias de este sacramento.

Son muchos los ejemplos que podrían ponerse sobre el bien que hace la confesión. Cuando se le preguntó al beato Álvaro del Portillo cuál había sido el día más feliz de su vida, respondió sin dudar que el día en que se confesaba. Santa Margarita María de Alacoque fue probada por su confesor acerca de la veracidad de sus visiones. Este le propuso preguntarle a Cristo cuál era el último pecado grave del que él se había confesado, y al poco tiempo ella volvió con la respuesta de Cristo: «¡No recuerdo!». Es decir, con la confesión limpiamos el alma de tal manera que resplandecemos de brillo y alegría, tal es la Divina Misericordia.

j) Lista de mortificaciones

El sufrimiento desempeña un papel muy importante en la vida cristiana. Para el cristiano, el dolor no es una desgracia, sino un medio de purificación de sus pecados. Del mismo modo que el placer desempeñó un papel decisivo en el pecado (que es una búsqueda desordenada del placer, despreciando la ley de Dios), el dolor, que es su opuesto, juega el contrapunto para el restablecimiento de la Justicia Divina. Cristo sufrió en la Cruz el castigo debido a nuestros pecados. Pero también quiso que participáramos en la Redención mediante nuestros sacrificios personales, como nos recuerda san Pablo:

> Ahora me alegro de mis sufrimientos por vosotros, y cumplo en mi carne lo que falta a la pasión de Cristo por su cuerpo, que es la Iglesia (*Col* 1, 24).

El sentido del sufrimiento humano es captado por el cristiano, que no desperdicia su dolor quejándose de él, sino que sabe ofrecerlo a Dios por sus pecados y los de los demás. Así, el dolor, aceptado por amor de Dios, se convierte en penitencia y mortificación de las obras de la carne, para que prevalezca el espíritu.

En este sentido, para poder aceptar las mortificaciones pasivas (enfermedades, fracasos, dificultades) con elegancia y gracia, es necesario entrenar nuestra voluntad mediante mortificaciones activas: actos concretos de desprendimiento, que nos den la fuerza de voluntad necesaria para afrontar todas las situaciones adversas, además de purificar voluntariamente nuestra vida.

Por eso es buena idea incluir en nuestro plan de vida espiritual una pequeña lista de mortificaciones voluntarias —pequeñas privaciones o actos para superar determinados defectos—, que repasamos cada día para ver dónde hemos vencido y dónde hemos sido derrotados en nuestra lucha interior.

Así, podemos poner, entre otros, los siguientes ejemplos de mortificaciones cotidianas: 1) no hablar mal de los demás; 2) no quejarnos de los contratiempos; 3) comer menos de lo que nos gusta más y más de lo que nos gusta menos; 4) escuchar con atención e interés lo que nos dicen; 5) trabajar intensamente, levantándonos menos veces; 6) controlar el impulso de conectarnos a todas horas a las redes sociales; 7) ser puntuales en las reuniones y citas; 8) dar los últimos retoques a nuestro trabajo, revisando lo que hemos hecho para ver si hay algún detalle pendiente; 9) sentarnos erguidos y no despatarrados en la silla; 10) empezar el trabajo por lo que menos nos gusta, sin retrasar las tareas desagradables.

La mejor mortificación es la que nos lleva a cumplir finalmente con nuestros deberes. Esto muestra la íntima relación entre el espíritu de mortificación y la santificación del trabajo. Se trata de abrazar la cruz de cada día con determinación y gallardía, siguiendo con ella las huellas de Cristo, para redimir con Él a toda la humanidad, cumpliendo nuestra parte.

Al establecer una rutina de trabajo, con un horario para las diversas actividades y unos momentos bien determinados para nuestros "encuentros personales con Dios", estaremos construyendo un ecosistema que garantice la presencia de Dios a lo largo del día.

Si perseveramos en el cumplimiento de este plan de vida, cuyo esqueleto básico descrito anteriormente se completará con la ordenación de las horas de trabajo y descanso, las relaciones familiares y sociales, la oración y el apostolado, podemos estar seguros de que estamos en el camino de la santidad.

PARTE II
LA SANTIFICACIÓN EN EL TRABAJO
(DIMENSIÓN SUBJETIVA)

EN SU ENCÍCLICA *Laborem exercens*, san Juan Pablo II distingue entre el trabajo en sentido objetivo y el trabajo en sentido subjetivo[1]. El trabajo objetivado es aquel que se plasma en una obra, en un producto fruto del esfuerzo laboral. Es el dominio de la naturaleza por la técnica. Este, en su opinión, no es el sentido más importante, ya que no nos permite ver la importancia del trabajo en la construcción de lo que realmente permanecerá: el hombre trabajador.

Así, el trabajo en sentido subjetivo se refiere a la huella que el esfuerzo productivo deja en el hombre. Más que el dominio de la naturaleza, lo que importa es el dominio de sí mismo a través de la dimensión ética. Es la realización

---

[1] Op. cit., nn. 5 y 6.

inmanente de la persona humana, la única que permanecerá.

De hecho, todas las obras humanas son efímeras. Lo que permanece entre todo lo que el hombre hace es el amor a Dios y al prójimo que puso en sus obras y la rectitud de intención con que las llevó a cabo. Todo lo demás pasará.

No se trata, pues, de hacer y actuar, sino fundamentalmente de ser: el trabajo debe ante todo perfeccionar al propio sujeto, más que aumentar la creación material.

En este sentido, santificarse mediante el trabajo significa hacer de él la oportunidad y el medio para transformarse personalmente, adquiriendo las virtudes que perfeccionan la propia naturaleza. El trabajo es, pues, el eje en torno al cual gira nuestra adquisición de virtudes.

La virtud es un hábito electivo y operativo bueno que se adquiere mediante la repetición de actos buenos, del mismo modo que el vicio es un hábito malo que también se contrae mediante la reiteración de actos moralmente malos. Es un hábito electivo, que nos hace elegir lo que es mejor en cada momento, lo que más nos perfecciona, en el ejercicio de lo que puede llamarse libertad de cualidad[2].

---

[2] Julio DIÉGUEZ, *Sin que él sepa como. Crecer en libertad* (Madrid, 2020).

Adquirir un hábito es crear, en la propia conducta, una facilidad para actuar, una predisposición a practicar los actos correspondientes a la virtud adquirida. Por eso se dice que la virtud es como una segunda naturaleza, forjada por nosotros y no sólo recibida al nacer. De ahí que los actos virtuosos fluyan naturalmente de una persona virtuosa.

Pongamos un ejemplo: la virtud de la sinceridad y el vicio de la falsedad. Ante las situaciones de la vida, si una persona se acostumbra a decir la verdad en pequeñas ocasiones, adquirirá este hábito hasta tal punto que, en una situación difícil en la que decir la verdad podría poner en peligro su vida, la verdad saldrá naturalmente de su boca. Quien, en esas ocasiones, busca una mentira para salir de una situación difícil, llegará un momento en que, para cualquier situación más o menos embarazosa, por pequeña que sea, buscará una excusa poco convincente para su comportamiento, porque está acostumbrado a mentir. La verdad o la mentira salen más fácilmente de la boca de quien tiene la virtud de la sinceridad o el vicio de la falsedad.

Otro ejemplo: el hábito de estudiar. Aquel escolar, que aún no había adquirido este hábito, se sienta delante de un libro y no puede pasar más de 15 minutos profundizando en él, porque empieza a sentirse mal, se inquieta y busca cualquier otra actividad más (o menos) dinámica. Si, al día siguiente y al otro hace el esfuerzo de sentarse a la mesa y estudiar un poco, se dará cuenta de que ha conseguido superar la marca aparentemente inalcanzable de 30 minutos sin levantarse de la silla, e incluso ha aprendido algún conocimiento nuevo (lo que parecía imposible). Si persevera en su empeño, será capaz de estudiar horas y horas sin cansarse demasiado, porque habrá adquirido el hábito (y el gusto) por el estudio, aunque tenga que esforzarse por mantener a raya las distracciones.

Un último ejemplo: la "adicción" al tabaco (aunque desde un punto de vista moral, fumar es un acto indiferente, ya que sólo el abuso constituiría un acto malvado, dado su carácter nocivo para la salud). A la primera "calada", el joven (porque suele adquirir el hábito en la adolescencia) se siente mal, tose y siente verdadera repulsión por el humo. Sin embargo, bajo la presión de la "pandilla", "supera" esta reacción inicial de repulsión y, al volver a fumar, acostumbra tanto a su cuerpo que fumar se convierte en una necesidad. Entonces, para algunos, abandonar el hábito será una verdadera lucha en sentido contrario, verdaderamente virtuosa, dado lo arraigado que está el hábito.

Conocemos a muchas personas que cuentan los días que llevan sin fumar: «¡Hace 2 años, 4 meses y 5 días que dejé de fumar!».

Se ve, pues, que las virtudes son una nueva complexión que el hombre va adquiriendo, transformando su naturaleza original, su temperamento genéticamente recibido, en una segunda naturaleza, en un carácter sólido.

Por eso, la imagen que muchos tienen de cómo será el juicio particular (ese momento en que seremos juzgados por Dios, inmediatamente después de nuestra muerte) está un tanto distorsionada, porque no tenemos esa idea concreta de las virtudes.

De hecho, una concepción común, que ya se encontraba en los antiguos egipcios ("juicio de Osiris"), era considerarlo como un juicio en el que Dios pesará nuestras buenas acciones en una balanza y nuestras malas acciones en la otra, y verá cuál pesa más, para dictar a continuación la sentencia de recompensa o castigo. Si así fuera, tendría razón aquel amigo mío que, habiendo estudiado en un internado religioso, decía que tuvo que asistir a misa diaria durante varios años, y que ahora ya no tenía que asistir más: «¡Ya he asistido a misa para todo el resto de mi vida!».

Ahora bien, una imagen más acorde con la realidad que Dios nos revela es la del juicio como una fotografía de nuestra alma en el último momento de la vida. Las buenas o malas acciones que realizamos a lo largo de nuestra vida dejan una huella en nuestra alma, configurando nuestras virtudes o vicios, de modo que somos lo que hemos hecho a lo largo de nuestra vida. El clásico de Oscar Wilde *El retrato de Dorian Gray* da una idea alegórica pero ilustrativa de esta realidad. Es la historia de un joven cuya vida se va amoldando al cuadro que le han pintado: su persona permanece siempre joven, a pesar de practicar los peores vicios, pero sus rasgos retratados en el cuadro se van deformando cada vez más, reflejando el estado de su alma (igual que debería estarlo su cuerpo).

Si, por un lado, hasta el final de nuestra vida podemos pervertirnos (como Judas Iscariote) o convertirnos (como san Dimas, el buen ladrón, que en lenguaje futbolístico podríamos decir que se ganó el cielo "en el minuto 90"), el retrato de nuestra vida se va pintando a lo largo de ella, y siempre es más difícil desenredar el árbol que ha crecido sin parar en una sola dirección. Pero siempre es buen momento para empezar a esforzarse por adquirir estas virtudes, ya que Dios se fijará más en nuestras disposiciones interiores en el atardecer de nuestra vida que en nuestras obras concretas: estas serán el retrato y la exteriorización de esas disposiciones.

Lo que no podemos hacer es adoptar una visión pesimista de la naturaleza humana, al estilo de Thomas Mann: en su libro *Los Buddenbrook* (Premio Nobel de Literatura en 1929), recorriendo 50 años de la historia alemana (1835-1885) a través del desarrollo de una familia, muestra como los defectos de los personajes permanecen a lo largo de su vida y van agravándose con el paso del tiempo: la pequeña Tony Buddenbrook, la protagonista, que aparece en el libro a los ocho años, tiene sus defectos temperamentales mantenidos y cristalizados hasta la vejez.

El cristiano adopta una visión más optimista, en el sentido de que los rasgos temperamentales innatos pueden y deben trabajarse, para lograr un carácter basado en virtudes sólidas adquiridas con el paso de los años.

El cuadro de virtudes que debe poseer un cristiano está formado por las virtudes sobrenaturales (infusas) —que recibimos de Dios con el bautismo— y las virtudes humanas (adquiridas) —que adquirimos con nuestro propio esfuerzo—. Entre las infusas se encuentran las teologales, que tienen a Dios como objeto inmediato: fe, esperanza y caridad. Entre las virtudes humanas destacan las cardinales, como eje en torno al cual giran todas las demás: prudencia, justicia, fortaleza y templanza.

Aprovechando este esquema didáctico, veremos cómo podemos vivir y crecer en estas virtudes en nuestro quehacer diario[3].

I) LAS VIRTUDES TEOLOGALES

1) *La virtud de la fe*

La fe es la virtud por la que creemos en Dios y en todo lo que Él nos ha revelado. Se trata de confiar en Aquel que, más que nuestro Creador, es nuestro Padre.

Vivir la fe en el trabajo significa ver a Dios detrás de todo lo que hacemos. Dios nos observa y, como un Padre, anima a sus hijos. Y más que animar, interviene continuamente en el juego para que ganemos... Sólo tienes que pedírselo.

Los antiguos griegos y romanos tenían una visión pesimista de la participación de los "dioses" en la historia humana: defendían el concepto de los *dii otiosi* (dioses ociosos)[4], que sólo intervenían esporádicamente en los destinos humanos, pero generalmente en detrimento del hombre.

---

[3] Una buena hoja de ruta para una visión panorámica de estas virtudes en la práctica cotidiana puede encontrarse en Juan Luis LORDA, *Para ser cristiano* (Rialp 1994, ed. 17.ª).

[4] Cfr. Manuel GUERRA, *Historia de las religiones* (Eunsa, 1985, Tomo I, p. 312).

Esta concepción antropocéntrica de Dios, revestido de los defectos y pasiones humanas y desinteresado de las vicisitudes de los hombres, se observa perfectamente en la expresión del poeta antiguo: «*Y Zeus, cansado de la ardua tarea de gobernar a dioses y hombres, se retiró a sus aposentos*».

La visión cristiana, fruto de la revelación del propio Hijo de Dios, es la de un Dios Providente:

¿No se venden dos pájaros por un as[5]? Pero ninguno de ellos cae al suelo sin la voluntad de vuestro Padre. En cuanto a vosotros, hasta los cabellos de vuestra cabeza están contados. No tengáis miedo, porque valéis más que muchos pájaros (*Mt* 10,29-31; similar a *Lc* 12,6-7).

Vivir de la fe es confiar en la Providencia, procurando tener visión sobrenatural y ver las cosas y los acontecimientos como Dios los ve.

La gente tiene una visión plana, pegada a la tierra, de dos dimensiones. —Cuando vivas vida sobrenatural obtendrás de Dios la tercera dimensión: la altura, y, con ella, el relieve, el peso y el volumen[6].

---

[5] Moneda romana.
[6] Josemaría ESCRIVÁ, *Camino*, 279.

Los hombres de fe son los que no se rinden ante un objetivo que consideran para mayor gloria de Dios. Creer que los milagros seguirán ocurriendo es característico de los hombres de fe: ponen todo su esfuerzo personal, como si todo dependiera de ellos, y rezan con todo su fervor, como si todo dependiera de Dios... Y entonces las cosas fluyen: *«Inter medium montes pertransibunt aquae»* (las aguas pasarán a través de los montes, Salmo 104,10).

Por eso nuestra fe debe ser operativa: fe con obras, que hace cosas, que pone los medios para conseguir los fines.

2) La virtud de la esperanza

La esperanza es la virtud por la que confiamos en la ayuda de Dios para alcanzar nuestra salvación eterna. Es la virtud que nos impulsa a actuar. Un hombre sin esperanza ha perdido el sentido de su vida y ya nada le mueve.

Tener esperanza en el propio trabajo es no dejar nunca de proponerse metas, por arduas que parezcan, creyendo que, con la ayuda de Dios, un día se alcanzarán. La esperanza es la virtud de la lucha: mientras hay esperanza, hay vida, hay lucha. Por eso dice el refrán popular: *«La esperanza es lo último que se pierde»*.

Winston Churchill, en sus *Memorias de la Segunda Guerra Mundial* (Nobel de Literatura en 1953), cuenta que, incluso después de que Alemania dominara la Europa continental y Japón conquistara Indochina, el 7 de diciembre de 1941, tras Pearl Harbour, se convenció de la victoria final desde el momento en que Estados Unidos había decidido entrar en la guerra. Tenía absoluta confianza en el poder industrial que tendría de su lado:

> Ningún americano pensará que me equivoco al proclamar que tener a Estados Unidos de nuestro lado era para mí la mayor de las alegrías. No podía prever el curso de los acontecimientos. No pretendo haber evaluado con exactitud el poder marcial de Japón, pero en ese mismo momento supe que Estados Unidos entraba en la guerra, hasta el cuello y hasta la muerte. Así que, después de todo, ¡habíamos ganado![7].

Si Churchill estaba seguro de la victoria final en la Segunda Guerra Mundial simplemente porque tenía a los Estados Unidos de su lado, cuánto más nosotros podemos tener la firme esperanza

---

[7] Editora Nova Fronteira,1995 Río de Janeiro, pp. 581-582 (N. del E.: la traducción es nuestra).

de coronar con el éxito nuestra lucha por la santidad al tener a Dios de nuestra parte.

«El que comenzó en vosotros la buena obra, la llevará a su término», dice san Pablo (*Flp* 1, 6). La virtud de la esperanza está estrechamente ligada a la virtud de la perseverancia: perseverar en el empeño que hemos comenzado, sabiendo que un día llegaremos a la meta.

Tener esperanza es ser como el profeta Daniel, "un hombre de deseos", que quería hacer la voluntad de Dios y estaba comprometido con ella, y no "un hombre de suspiros", con un deseo sin voluntad, porque no va acompañado del esfuerzo personal para hacer realidad esos deseos de santidad.

No podemos perder la esperanza porque tardemos en alcanzar nuestras metas. Debemos darnos cuenta de que muchas de nuestras metas —y especialmente la de nuestra santificación— tienen su propio tiempo de maduración. Lo que no podemos hacer es cejar en nuestro empeño, porque el tiempo no hace santos, sino viejos, si no hay un compromiso personal en la lucha espiritual.

El postulador de la causa de beatificación y canonización de san Josemaría Escrivá, hablando de su "esperanza heroica", decía que «el siervo de Dios tuvo una sola meta a lo largo de su vida: la unión con Dios».

Hemos de ser como Abraham, de quien se dice en la Biblia que esperaba contra toda esperanza («*in spem, contra spem*», *Rom* 4, 18): sin esperanza humana, pero con esperanza sobrenatural.

«Todo eso, que te preocupa de momento, importa más o menos. —Lo que importa absolutamente es que seas feliz, que te salves»[8]. Las metas humanas —un coche, una casa, un trabajo, un título, un amor— deben estar subordinadas a la meta sobrenatural fundamental, definitiva y primera de nuestra vida: la unión con Dios en esta vida y la posesión de Dios en la otra. Si no logramos esto último, nada de lo demás habrá valido la pena.

Por eso, el gran anhelo de san Josemaría, su gran esperanza, era poder contemplar un día el rostro de Dios: «*Vultum tuum, Domine, requiram!*» ("Señor, quiero ver tu rostro") repetía a menudo como jaculatoria.

Con esta jerarquía de metas, no puede haber tristezas, angustias ni preocupaciones en nuestra vida. Las metas contingentes pueden o no alcanzarse, pero lo que más nos importa es alcanzar la meta definitiva: el Cielo.

---

[8] Josemaría ESCRIVÁ, *Camino*, 297.

3) La virtud de la caridad

La caridad es la virtud por la que amamos a Dios como Sumo Bien y a nosotros mismos y al prójimo por Dios. Es la forma de todas las virtudes: todo lo que hacemos debe tener como causa última y motriz el amor a Dios. San Pablo dice que, de las tres virtudes teologales, la fe y la esperanza pasarán (porque veremos a Dios directamente, alcanzando el objeto de nuestra búsqueda), pero la caridad permanecerá, porque la esencia del Cielo será el Amor de Dios y, en Él, veremos a todos los que se han salvado.

Amar al prójimo en el trabajo es vivir el espíritu de servicio: ver el trabajo como un servicio. Cuando decimos en Brasil *"vou para o serviço"*, en el sentido de "voy a trabajar", esta expresión debe tomarse al pie de la letra: voy a servir a Dios y al prójimo en todo lo que haga. Así, el ideal del buen "servidor público" debe ser atender a cada persona con la máxima atención, por la dignidad que tiene y la consideración que merece, haciéndolo para agradar a Dios, que todo lo ve y de quien todas las personas son hijas.

Trabajar como quien cuida de las cosas de su Padre: captar el sentido de nuestra filiación divina (querer hacerlo todo para agradar a nuestro Padre Dios, como hace un hijo con su padre). El secreto para no perder las *ganas* de vivir es, como alguien dijo una vez, encontrar "un gran amor". No hay amor más grande que el Amor de Dios. Este es el descubrimiento que debemos hacer. Si el auténtico amor humano da muchos consuelos en la tierra, ¿qué no será el amor divino, que se encuentra en esta tierra y culmina en la otra vida?

San Agustín hizo este descubrimiento cuando era muy anciano: «*Tarde en la vida te amé, oh Belleza tan antigua y tan nueva; tarde en la vida te amé... Y tú estabas en mí y yo no estaba contigo*»[9]. Cuando te das cuenta de que Dios está en tu alma en gracia y de que puedes demostrarle tu amor cumpliendo fielmente tus deberes profesionales diarios, trabajas mucho y bien, y siempre con una sonrisa en los labios.

J. R. R. Tolkien, en su obra clásica *El Señor de los Anillos*, pone en boca de Galadriel, reina de los elfos, una explicación sencilla pero profunda de la belleza y perfección de las túnicas que tejía: «En todo lo que hacemos ponemos el pensamiento de todo lo que amamos»[10]. Trabajar por amor es el secreto de un trabajo perfecto y eficaz. Significa trabajar con un profundo sentido de lo que haces y para quién lo haces.

---

[9] *Confesiones.*
[10] *El Señor de los anillos*, Vol I, cap. VIII.

Fulton Sheen, célebre obispo estadounidense[11], en el capítulo "El secreto de la santidad" de su librito *Siete palabras de Jesús y María*, lo revela de forma práctica y poética:

Es típicamente americano sentir que no estás haciendo nada a menos que estés haciendo algo grande. Pero desde un punto de vista cristiano, no hay cosas más *grandes* que otras. La grandeza viene de la forma en que nuestra voluntad utiliza las cosas. Así que limpiar una oficina por amor a Dios es más grande que dirigir la oficina por amor al dinero[12].

Estamos en el corazón de lo que es la santificación del trabajo, tocando su sentido más profundo, porque, en palabras de José Luis Illanes:

El trabajo recibe su valor decisivo del amor que expresa, del que nace, del que se nutre y al que se ordena». Y continúa: «Amar es, en el hombre, amar con obras, y con obras bien hechas, que encarnan valores y que alcanzan, siquiera técnicamente, la meta a la que se ordenan[13].

---

[11] Con milagro ya reconocido por el papa Francisco para la beatificación.

[12] Molokai - 2021 - São Paulo, p. 36. La traducción es nuestra.

[13] Op. cit., pgs. 230-231.

122

II) Las virtudes cardinales

1) La virtud de la prudencia

La prudencia, como la definieron los filósofos griegos, es la recta razón en el obrar, que se manifiesta básicamente en tres actos:

a) Estudiar los hechos (analizar bien todo lo que ocurre) y consultar a las personas (pedir consejo, reconociendo las propias limitaciones);

b) Formarse un juicio, sopesando los pros y los contras, reflexionando y estudiando los asuntos hasta tomar una decisión (formarse un juicio);

c) Imponerse a la voluntad y a los sentimientos, poniendo inmediatamente en práctica la solución por la que se ha optado, sin dar marcha atrás una vez que se ha tomado una decisión.

Las partes principales de la virtud de la prudencia son la memoria (aprender lecciones del pasado), la docilidad (aceptar consejos, aprovechando la experiencia ajena), la providencia (saber juzgar las consecuencias de nuestros actos) y la circunspección (saber callar o hablar, según lo estrictamente necesario).

Cuando la reina Victoria (1819-1901) ascendió al trono de Inglaterra siendo muy joven (sólo tenía 18 años), su tío, el rey Leopoldo I de Bélgica, le escribió dándole consejos de prudencia, que ella incorporó hasta el punto de que algunas de sus expresiones se convirtieron en proverbiales:

a) no tomar nunca una decisión inmediata sobre un asunto importante de gobierno, sin reflexionar al menos una noche (cuando se veía presionada por asuntos urgentes, respondía: «Lo pensaré»); y

b) guardar para sí los asuntos personales, abriéndose sólo a quienes tenían derecho a conocer su intimidad (cuando se le hacían preguntas indiscretas, respondía: «No nos hace gracia»)[14].

La prudencia se manifiesta en el trabajo cuando evitamos la improvisación y la precipitación, pensando y planificando cuidadosamente nuestras actividades y gestiones. Cuando existe esta planificación, esta previsión de lo que puede ocurrir para evitar sorpresas, entonces incluso para estas estamos preparados. Se dice de ciertas

[14] Cfr. Anka MUHLSTEIN, *Vitória* (Companhia das Letras - 1999 - São Paulo, p. 27). La traducción es nuestra (N. del E.).

personas que tienen "presencia de ánimo" para encontrar la frase adecuada y salir bien de una situación difícil. Para un cristiano que intenta vivir en coherencia con su fe y ejercer la prudencia, existe la "presencia del Espíritu Santo", que, mediante el don del consejo, nos hace comprender lo que debemos decir o hacer en una situación imprevista. Debemos saber pedir al Paráclito que nos ilumine en las decisiones que debemos tomar en el trabajo, contando efectivamente con su inspiración.

Una medida saludable de prudencia en el trabajo es el uso de agenda. La memoria es corta y limitada, además de selectiva: recordamos mucho más lo que nos gusta hacer que las obligaciones tediosas. Utilizar la agenda es una forma de potenciar la memoria y ser más eficaz en el trabajo. Pero para ello hay que dar dos pasos evidentes: anotar las citas u obligaciones y... acordarse de abrir la agenda de vez en cuando. De nada sirve una agenda que sólo se consulta después de haber incumplido un compromiso.

Otra medida de prudencia indispensable, sobre todo en el mundo moderno del exceso de activismo, es cuidar el descanso. *El estrés* parece ser la enfermedad de la década. Las personas viven en constante tensión emocional, sobrecargadas de trabajo, en un régimen de competición continua, en el que el afán de superación tiene como consecuencia secundaria la ruptura del equilibrio orgánico. La práctica habitual de un deporte no debe verse como un lujo o una necesidad superflua, sino como una verdadera recomendación médica, que debe vivirse con verdadera escrupulosidad. Correr o caminar un par de veces por semana, jugar un partido de tenis o de fútbol, hacer gimnasia en casa o salir al campo son sólo algunas de las cosas que deben incluirse en nuestro plan semanal. De lo contrario, la "máquina" humana se estropeará. Es más importante cuidar la calidad de vida que la cantidad de trabajo, ya que es posible que no alcancemos la meta que nos hemos propuesto.

También podemos enumerar entre las medidas de prudencia en el trabajo saber aprovechar la experiencia de quienes han hecho antes la misma tarea, y transmitirla a los sucesores del mejor modo posible. Dos mentalidades distorsionadas que actúan a este respecto son, en primer lugar, la de la persona que piensa que nadie antes que ella ha sido capaz de resolver satisfactoriamente el problema existente y que ahora, con su capacidad, lo resolverá. Esto es despreciar la experiencia de los demás. El otro es el de quien, pensando que así conservará su puesto, no quiere transmitir su experiencia, por miedo a que otros le adelanten y le quiten el puesto. Es una falta de confianza en su propia capacidad de crecimiento. Para garantizar la continuidad del trabajo, es esencial disponer de fichas de experiencia (verdaderos *vademécums*), que facilitan el aprendizaje rápido de los distintos procesos, para que no se produzca una ruptura en el funcionamiento de una organización o de un sector.

Otra cosa prudente es considerar los obstáculos y adversidades como asuntos administrativos ordinarios. No es posible pensar que todo lo que planeamos saldrá bien de principio a fin. Algunos objetivos los alcanzaremos, otros no. Y seguiremos adelante, afrontando los contratiempos.

Un ejemplo histórico interesante es la Operación Market-Garden en la Segunda Guerra Mundial, que Cornelius Ryan hizo famosa en su libro *A Bridge Too Far*[15]. Para acortar la duración de la guerra e invadir Alemania a finales de 1944, el mariscal Montgomery ideó un avance de divisiones acorazadas sobre Holanda, cuya velocidad dependía de la conservación de tres puentes sobre los principales ríos del país. Para ello, preparó la mayor operación de paracaidismo de la historia, en la que los del primer puente tendrían que conservarlo durante dos días hasta

---

[15] *Un puente lejano*, Crítica 2023.

que llegaran los tanques, los del segundo durante cinco días y los del tercero ¡durante más de una semana! Todo tenía que salir a la perfección para que los paracaidistas encargados del tercer puente pudieran resistir durante tanto tiempo y sin apoyo. Por supuesto, la operación acabó en fracaso porque el tercer puente estaba "demasiado lejos" para que los refuerzos llegaran a tiempo. En efecto, fue una imprudencia llevar a cabo la operación optimizando todas las previsiones. De los 10 000 ingleses que saltaron para capturar el último puente, sólo 1500 lograron sobrevivir, tras abandonar la posición conquistada.

Por último, un aspecto importante de la virtud de la prudencia en el trabajo es saber vivir el silencio profesional. No sólo deben vivirlo los sacerdotes, los abogados o los médicos, sino cualquier profesional al que se confíen asuntos de carácter privado. Y la mejor manera de tener la tranquilidad de haber vivido el silencio de oficio es ser discreto y sobrio al hablar de tu actividad profesional. Cuando hablas demasiado de tu trabajo y de tus propios éxitos y te quejas de aquellos con los que trabajas, corres el riesgo de cometer una indiscreción de la que luego te arrepentirás.

2) *La virtud de la justicia*

La justicia, como virtud, es la disposición constante a respetar los derechos de los demás y a dar a cada uno lo que es suyo. El trabajo es fundamentalmente el ejercicio de la virtud de la justicia, mediante la cual cumplimos nuestros deberes y obligaciones para con los demás.

Trabajar mal, trabajar poco, holgazanear, carecer de iniciativa en la actividad profesional son injusticias concretas que podemos estar cometiendo por mera *omisión*, que es el pecado más fácil de cometer, pues basta con no hacer nada.

Pero las injusticias también se cometen por *comisión*: hablar mal de los compañeros es una violación del derecho a que se respete la buena reputación (lo que hay que hacer ante una falta concreta es tener el honor de hablar directamente con la persona, a solas y a la cara, ejerciendo lo que la tradición cristiana ha llamado "corrección fraterna", con la que nos ganamos a las personas por la lealtad que les mostramos); no seguir las instrucciones recibidas de los superiores es desconocer su derecho a ser obedecidos (fundamental para el desarrollo orgánico de cualquier empresa); ser descortés o duro con los subordinados es desconocer su derecho a nuestra gratitud (saber agradecer los favores que nos hacen, por pequeños que sean, diciendo *"gracias"* por todo, porque, ante cualquier favor, estamos "obligados" con esa persona y le debemos gratitud).

La virtud de la justicia no se alcanza sin la *"epiqueya"*, que representa la capacidad de darse cuenta de cuándo una justicia estricta puede representar una injusticia y perjudicar la obtención de bienes mayores (*«summum jus, summa injuria»*, dice el refrán latino). Así pues, debemos tener la elegancia de ceder en lo que no es esencial, haciendo más agradable la convivencia profesional. Chesterton decía que «quien quiere tener razón siempre y en todo pierde el derecho a tener razón en nada». Hemos de admitir que podemos equivocarnos y preferir la verdad a nuestra propia razón.

Conviene aprender a trabajar en función de las necesidades de los demás: sujetos a plazos, exigencias y tiempos de espera. Y conviene también conocer los aspectos éticos de la profesión que abrazamos: sin este conocimiento, podemos poner en grave peligro la justicia aceptando casos deshonestos como abogados, o realizando intervenciones quirúrgicas como médicos que van en contra de la moral cristiana y de los preceptos fundamentales del Derecho Natural.

Es impresionante el comportamiento del jefe del equipo quirúrgico de Napoleón en la batalla de Essling contra los austriacos (1809)[16], en la que murieron más de 40.000 hombres, sin que se definiera quién era el vencedor. El médico, en lugar de un bisturí, utilizaba una tiza y, delante de los pacientes que le traían, hablaba a sus ayudantes de lo fácil que sería reducir una fractura en la pierna o en el brazo si tuvieran tiempo, y luego se limitaba a marcar la línea por donde debían amputar el miembro herido para evitar la gangrena... Resulta chocante el trato grosero que se da a los enfermos, cuando uno de los principales deberes del médico es precisamente tratar al paciente como persona y no como cosa.

3) *La virtud de la fortaleza*

La fortaleza es una virtud fundamental en el trabajo, ya que consiste en perseverar en el cumplimiento del deber, resistiendo contratiempos y dificultades[17]. Es la valentía y el coraje de no huir de los problemas, sino de afrontarlos con serenidad y paciencia.

Es la entereza de no desanimarse por los propios errores y saber exigir sin miedo a disgustar.

---

[16]Cfr. Patrick RAMBAUD, *A Batalha* (Bertrand Brasil, 1998, Río de Janeiro).

[17]Cfr. Rafael LLANO CIFUENTES, *Fortaleza* (Quadrante, 1991 São Paulo).

Significa ser tenaz en los propósitos, y no abandonar las metas hasta alcanzarlas.

En este sentido, llaman la atención dos historias de fracaso, pero que demuestran fortaleza ante las dificultades, a menudo más allá de los límites humanos, y son un buen ejemplo de lo que ocurre en el trabajo.

Una es la tragedia del Everest del 11 de mayo de 1996, en la que murieron los experimentados escaladores Bob Hall y Scott Fischer, descrita por Jon Krakauer[18], uno de los supervivientes. En la expedición murieron otras siete personas, pero escapó milagrosamente el Dr. Seaborn Beck Weathers, tras pasar una noche boca abajo en la nieve durante una tormenta. Perdió las manos y la nariz. Incluso después del desastre, el equipo IMAX, que estaba rodando una película sobre el Everest, decidió emprender la ascensión y alcanzó la cumbre el 22 de mayo, liderados por Ed Viesturs (que subió sin oxígeno), Araceli Segarra (una joven catalana) y Jamling Norgay (hijo de uno de los dos primeros hombres que escalaron el Everest), en un ejemplo de tenacidad.

El comentario de todos los escaladores sobre la ascensión es que el esfuerzo es tan grande que, al final, el cuerpo sigue adelante por pura fuerza

---

[18] *Mal de altura* (Desnivel, Madrid 2018).

de voluntad, porque cada paso exige un sacrificio sobrehumano. Del mismo modo, en el trabajo, hay momentos en los que la carga que pesa sobre nuestros hombros, ya sea de responsabilidades o de tareas que cumplir, es tan grande que nos sentimos aplastados. En ese momento, como los escaladores del Everest, sólo debemos pensar en dar un paso tras otro, sin abandonar la lucha, porque es precisamente a través del pequeño esfuerzo de cada momento como alcanzamos las grandes metas de nuestra vida.

El otro es el de la legendaria expedición de Sir Ernest Shackleton a la Antártida[19], en la que su barco, el *Endurance*, acabó atrapado en los témpanos de hielo y se hundió. Shackelton convirtió su lucha por la supervivencia en un ejemplo de fortaleza y tenacidad, ya que con su liderazgo consiguió salvar a todos los tripulantes tras año y medio de lucha en los mares del Polo Sur (entre el 5 de diciembre de 1914 y el 20 de mayo de 1916).

Lo que también llama la atención de este relato es la fuerza de voluntad de Shackleton para mantener el ánimo, la disciplina y la actividad entre hombres que se enfrentaban a temperaturas de 40 grados bajo cero, sufriendo todas las penurias posibles y sin abandonar la lucha por

---

[19] Caroline ALEXANDER, *Atrapados en el hielo* (Booket, 2003).

salvarlos a todos. Fue un ejemplo de liderazgo y valentía.

Pero la verdadera fortaleza no reside en las hazañas heroicas ni en la fuerza bruta, sino en la fuerza de voluntad que estos exploradores mostraron ante las dificultades. La Escritura dice: «Los pacientes son mejores que los héroes, y los que dominan su mente son mejores que los conquistadores de ciudades» (*Prov* 16, 32).

La paciencia para perseverar en el empeño emprendido merece más elogios que las hazañas aparentes pero ocasionales. Por eso, la Biblia también da otro consejo especialmente importante para valorar cualquier trabajo: «Aprende tu oficio y envejece en él» (*Ecl* 11, 21). Algunas personas no pueden resistirse a la rutina y sucumben al esfuerzo repetitivo. Sin embargo, es lo que forja la personalidad y dota al hombre de las virtudes necesarias para desempeñar cada vez mejor su profesión.

4) La virtud de la templanza

Vivir la virtud de la templanza en el trabajo significa no convertirse en *adictos* al trabajo: personas polarizadas, que han vendido su alma al trabajo. La templanza es la virtud de la moderación. El peligro del trabajo es que fascina hasta el punto de que, por el prestigio, el poder o el conocimiento que aporta, se entregan en cuerpo y alma al trabajo, olvidando los demás valores que están por encima de él.

La templanza en el trabajo consiste fundamentalmente en reconocer que el trabajo es un medio de santificación y no de autoafirmación, realización personal egoísta o adquisición de poder y dinero. Como medio, debe contemplarse dentro de este orden de valores, que proporcionan el equilibrio necesario para el desempeño eficaz de cualquier tarea o trabajo al que nos dediquemos.

Si, por un lado, se puede pecar por exceso, polarizándose en el trabajo, también se puede pecar por defecto, dejándose llevar por la pereza. Vencer la inercia de la realidad, de las tareas que aguardan nuestro empeño, es algo que requiere esfuerzo y sacrificio continuos:

> Ningún ideal se hace realidad sin sacrificio. —Niégate. —¡Es tan hermoso ser víctima![20].

El problema es que la persona perezosa no está dispuesta a hacer ningún sacrificio por sus ideales. No es que no los tenga. De hecho, es un

---

[20] Josemaría Escrivá, *Camino*, 175.

soñador: «Los deseos consumen al perezoso» (*Prov* 21, 25). Trabaja con la mentalidad de regodearse en lo que hace: hace poco y lo hace despacio, para no cansarse. Y su falta de espíritu de sacrificio hace que nunca consiga lo que le gustaría. Acaba conformándose con lo que tiene y con lo que es, cuando Dios hubiera esperado mucho más de él por los talentos que le ha dado[21].

III) OTRAS VIRTUDES MORALES

1) *La virtud de la humildad*

En una entrevista sobre el fundador del Opus Dei, el obispo de Leeds recordaba que, cuando le pidió a Mons. Escrivá un retrato suyo de recuerdo, le regaló un burrito de madera. Y el obispo dijo que lo puso en la repisa de la chimenea de su casa: «Lo miro cuando me estoy tomando demasiado en serio».

Tomarnos demasiado en serio es darnos demasiada importancia. Es dar demasiada importancia a lo que nos pasa. Y entonces surge el orgullo y se enciende de indignación ante la menor falta de atención. De ahí la importancia de la virtud de la humildad para vivir y trabajar con eficacia.

---

[21] Ver también Francisco FAUS, *A Preguiça* (Quadrante, 1993 São Paulo).

Santa Teresa de Ávila (1515-1582) decía que «la humildad es la verdad». La verdad sobre nosotros mismos y sobre el mundo. Ante Dios, que es el Creador, no somos nada. Esta es la verdad que no podemos olvidar.

La imagen del burro representa cómo debemos ser en el trabajo:

> Pensad en las características de un asno, ahora que van quedando tan pocos. No en el burro viejo y terco, rencoroso, que se venga con una coz traicionera, sino en el pollino joven: las orejas estiradas como antenas, austero en la comida, duro en el trabajo, con el trote decidido y alegre. Hay cientos de animales más hermosos, más hábiles y más crueles. Pero Cristo se fijó en él, para presentarse como rey ante el pueblo que lo aclamaba[22].

Guimarães Rosa, en su cuento *O Burrinho Pedrês*, captó bien esta realidad cuando dijo:

> La historia de un burrito, como la de un gran hombre, está bien dada en el resumen de un solo día de su vida[23].

---

[22] Josemaría ESCRIVÁ, *Es Cristo que pasa*, 181 (op. cit.).
[23] João Guimarães ROSA, *Sagarana* (Editora Nova Fronteira, 1997 Río de Janeiro, p. 18).

El descubrimiento del académico brasileño es el de la grandeza de la vida ordinaria. Las cosas grandes no son posibles si se descuida lo ordinario.

Mons. Escrivá señaló diversas facetas de la vida del burro que pueden servirnos de ejemplo:

> ¡Bendita perseverancia la del borrico de noria! —Siempre al mismo paso. Siempre las mismas vueltas. —Un día y otro: todos iguales.
>
> Sin eso, no habría madurez en los frutos, ni lozanía en el huerto, ni tendría aromas el jardín.
>
> Lleva este pensamiento a tu vida interior[24].

Nuestro trabajo diario no es diferente del de girar la rueda para mover el agua o moler la caña de azúcar en los molinos. Todos los días tenemos tareas específicas que hacer, una rutina de trabajo que se repite y que, poco a poco, construye nuestra vida profesional y las obras en las que estamos comprometidos. Las grandes obras son el resultado de poner una piedra sobre otra.

Cuando nos veamos así, como un burro en el campo, nuestro trabajo será eficaz. En primer lugar, porque estaremos dispuestos a aprender de todos y de todo. Sin el orgullo de creernos impecables o superiores.

---

[24] Josemaría ESCRIVÁ, *Camino*, 998.

Uno de los defectos más perjudiciales en el trabajo es la vanidad y el orgullo exacerbados. Es el subordinado que no acepta ser reprendido por su superior porque siempre piensa que tiene razón. Es el superior que no admite un error y mantiene una decisión equivocada, incluso cuando se da cuenta de que todos los demás tienen razón. Es el colega que se ofende ante cualquier comentario, como si fuera ofensivo. Es la otra persona que sólo habla de sus logros, de su trabajo, como si fueran lo más importante del mundo. Y así sucesivamente.

El problema de los vanidosos y los orgullosos es que se ponen a sí mismos en un escaparate, y entonces la presión externa es proporcional a la apariencia de la imagen que se han forjado, y la caída es proporcional a la altura del pedestal al que se han subido. Los nervios, ansiedades y preocupaciones que surgen cuando hay que dirigir una empresa son a menudo el resultado de valorarse en exceso. La inseguridad a la hora de hablar o presidir puede venir de mirarse continuamente en el espejo. Y no es posible ser protagonista y espectador al mismo tiempo. Cuando nos centramos en nosotros mismos, olvidamos el *"scripti"*[25].

---

[25] Cfr. Pedro WILLEMSENS, *Entre o Brilho e a Vida – Reflexões sobre a Vaidade* (Cultor de Livros, 2021 São Paulo).

La preocupación por la propia imagen es lo que quita la paz y la fuerza a tanta gente en el trabajo: ¿Está contento conmigo el jefe? ¿Qué pensarán de mí mis compañeros?

Nuestro trabajo debería ser intenso y no... tenso. La tensión viene precisamente de esta preocupación por la propia imagen. Sólo cuando nos desprendemos de nuestra propia imagen, porque lo que importa es lo que Dios piensa de nosotros, tendremos la tranquilidad de trabajar en cualquier ambiente o situación, por adversa que sea en un momento dado. Sólo cuando nos aceptemos como somos, con defectos y limitaciones, no tendremos la preocupación (que nos desgasta) de querer mostrar una imagen que no se corresponde con la realidad (que tarde o temprano aflorará).

Ciertas personas en el trabajo se comportan como si estuvieran en un gimnasio: no sólo por su forma de vestir, sino sobre todo porque están contemplando sus propios movimientos en un espejo. Es como decía un "*fitter*" empedernido: «Es difícil hacer ejercicio sin espejo y sin música». Como si nuestra vida fuera una película épica o un vídeo musical, ¡con una gran pantalla y una banda sonora!

La épica debe ser la de la vida cotidiana: «Transformar la prosa cotidiana en endecasílabos, en verso heroico»[26]. El heroísmo reside precisamente en descubrir el valor de las pequeñas cosas, de hacer bien las pequeñas tareas de cada día. No debemos pensar que nuestro día tiene sus momentos importantes —una entrevista, una ceremonia, un acontecimiento extraordinario— y que el resto es puro relleno. Si no damos importancia a las cosas pequeñas, nunca estaremos preparados para asumir la responsabilidad de las grandes.

El primer vicario regional del Opus Dei en Brasil, Francisco Xavier de Ayala, solía decir que todas las actividades que realizamos durante el día, por muy prosociales que sean, pueden considerarse trabajo y, como tal, deben santificarse realizándolas con la mayor perfección posible. Así, cuando nos despertamos, debemos saber hacer bien la cama, como si fuéramos camareras de hotel; afeitarnos por la mañana como un auténtico barbero; intentar conducir con la suavidad y pericia de un buen taxista que debe satisfacer al cliente y hacer que el coche dure el mayor tiempo posible. Y así sucesivamente.

Dar importancia a las pequeñas cosas, a las pequeñas tareas de cada día, valorarlas, nos da una visión más realista del mundo y, en consecuencia, no nos frustramos ni nos paralizamos

---

[26] Cfr. Josemaría Escrivá, *Es Cristo que pasa*, 50.

ante los fallos y errores que vemos a nuestro alrededor[27]. Hay personas que, ante los titulares de los periódicos que muestran la corrupción en el gobierno, la violencia en la ciudad, la degradación de las costumbres, caen en la depresión y pierden la capacidad de reaccionar y llevar a cabo el trabajo que les corresponde. Otros emprenden cruzadas quijotescas, pensando que sus acciones o logros dejarán una huella indeleble en la sociedad.

Ahora bien, ni podemos desanimarnos al ver el mundo tal como es (no hay tiempos mejores ni peores... solo existe el tiempo en que Dios nos ha hecho nacer), ni pretender ser sus gestores, queriendo arreglar todo lo que vemos mal a nuestro alrededor (no somos el modelo de sabiduría ni de perfección).

Como decía Arnold Toynbee, en lugar de mirar al macrocosmos, cuya situación quizá nos oprime, miremos al microcosmos interior y démonos cuenta de que la fuente de los males del mundo está en nosotros mismos, en el pecado personal: si luchamos contra ello, cosa que nos es posible, estaremos contribuyendo enormemente a invertir el cuadro de degradación moral que vemos en la sociedad:

---

[27] J. MALVAR FONSECA, *Coisas pequenas* (Quadrante, 1996 São Paulo).

Experimenta, después de todo, la misma crisis que sus semejantes en su calvario común de la vida en una sociedad en desintegración; sin embargo, lo que para otros es un obstáculo, para él es un desafío supremo. Cuando el ímpetu del desarrollo en una sociedad sana parece haber desaparecido, el individuo pasivo pierde su dominio sobre los mares inexplorados del Universo; pero la reacción alternativa a esta sensación de pérdida de control no es mirar hacia fuera, hacia un macrocosmos impregnado de pecado, sino mirar hacia dentro y reconocer la derrota moral como un fracaso del autodominio. Esta sensación de pecado personal presenta el contraste más agudo imaginable con la sensación pasiva de ir a la deriva; porque donde la sensación de ir a la deriva tiene el efecto del opio, inculcando en el alma una insidiosa aquiescencia a un pecado que se cree que está en circunstancias externas, fuera del control de la víctima, la sensación de pecado tiene el efecto de un estímulo, porque le dice al pecador que el mal no es externo, después de todo está en su ser más íntimo, y por lo tanto sujeto a su voluntad[28].

Dar importancia a las pequeñas cosas y no darnos tanta importancia a nosotros mismos: ese

---

[28] *Um Estudo da História* (Martins Fontes y Editora da UnB, 1987 São Paulo, p. 260. La traducción es nuestra).

es el secreto de la humildad que debemos tener en el trabajo.

2) *La virtud del orden*

Para san Agustín, la paz sería la tranquilidad en el orden, es decir, si somos ordenados, las cosas irán mejor y más fluidas. En general, una persona desorganizada vive con prisas por desactivar la bomba de relojería, con compromisos olvidados y actividades secundarias que ocupan el lugar de las esenciales.

La virtud del orden se basa en la observación de una jerarquía de valores, que se manifiesta en todos los ámbitos de la actividad humana.

Podríamos dividir el orden en sus dimensiones interior y exterior, estableciendo la jerarquía de valores en estas dimensiones:

a) Orden interior:
— En el intelecto (cabeza): 1.ª) verdades de fe; 2.ª) verdades científicas; 3.ª) opiniones.
— En la voluntad (corazón): 1.º) Dios; 2.º) los demás; 3.º) yo mismo.
b) Orden externo:
— En las acciones (dinámica): 1.º) deberes religiosos; 2.º) deberes familiares; 3.º) deberes profesionales.

—En las cosas (estáticas): «*Une place pour chaque chose; chaque chose a sa place*»[29].

En el ámbito intelectual, las verdades de fe preceden a las de razón, no en el sentido de que haya un conflicto entre ellas (ya que Dios es a la vez Autor de la Naturaleza y de la Revelación), sino en el sentido de ofrecer siempre una perspectiva sobrenatural de los acontecimientos. También porque las verdades de fe son inmutables, mientras que los modelos científicos explicativos de la realidad son superables por otros más amplios.

Es lógico anteponer a los demás a nosotros mismos, es una consecuencia del mandamiento de amar al prójimo: amar a los demás como a nosotros mismos se basa en el hecho de que ya cuidamos de nosotros mismos, por instinto de conservación. Y Cristo enseña que «no hay amor más grande que dar la vida por los amigos» (*Jn* 15, 13).

En la actuación, el orden de importancia de los deberes es inversamente proporcional al tiempo que debemos dedicarles: unas horas a la semana dedicadas a Dios; la familia, ocupando el

---

[29] «Un lugar para cada cosa y cada cosa en su lugar» (aprendido de Madame Aracy, mi profesora de francés en el Colegio São Luís).

principio y el final del día, así como los fines de semana; y el trabajo abarcando la mayor parte del tiempo, amenazando con ir más allá de lo debido.

Asistimos a una inversión en los valores que resulta paradigmática. Una secretaria puede comentar con una compañera su asombro ante las quejas de su marido, que considera excesivo el tiempo que dedica a su trabajo y lo tarde que llega a casa: «Ya te digo, voy a buscarme otro marido... Con lo difícil que es encontrar trabajo...». Un presidente americano puede comentar la legislación de su país de una manera que asombraría a la generación anterior: «¡Hoy me resulta más fácil deshacerme de mi mujer que de mi criada!».

Sacrificar a la familia por el trabajo es invertir en un futuro infeliz: ningún éxito profesional puede compensar un fracaso familiar. Un matrimonio roto por el egoísmo de una dedicación desmedida al trabajo, o un hijo descarriado por el olvido de su padre o de su madre, más preocupados por su propia carrera profesional, son realidades conocidas que, para quien las ha vivido, acaban acarreando una frustración para la que no hay consuelo: sólo queda sumergirse aún más en el trabajo para olvidar lo perdido.

En definitiva, san Agustín concluye sus reflexiones sobre la virtud del orden diciendo: «Guarda el orden y el orden te guardará a ti».

3) *La virtud de la castidad*

Entre los problemas que se plantean en el ámbito profesional, y que han sido objeto de disciplina judicial, destaca últimamente el del acoso sexual, consecuencia de no vivir la virtud de la pureza o castidad en el trabajo.

El sexo es una de las dimensiones humanas, no la principal. Es una realidad noble y bella que hay que santificar. Para san Josemaría, el matrimonio es un verdadero camino vocacional. La santidad no es sólo para sacerdotes y monjas, sino también para laicos y matrimonios. Se requiere tanto compromiso con Dios para renunciar a tener hijos como para tener los hijos que Dios quiere enviar. El placer del sexo, siempre que esté ordenado a los fines para los que existe la diferenciación sexual, es lícito y moralmente bueno, dentro del matrimonio y abierto a los hijos. El problema son las desviaciones de este ideal.

Cuando el sexo se concibe sin su finalidad natural, se busca el placer como fin y no como medio de satisfacer una exigencia natural de la especie. Por eso la corrupción es el fruto amargo de esta búsqueda desordenada del placer.

Así, las personas que trabajan en nuestro entorno laboral ya no son vistas como almas, sino como cuerpos. La falta de pudor por parte de las mujeres expone a los hombres a un continuo estímulo y excitación a la actividad sexual: es la falda demasiado corta, el escote demasiado bajo, la falta de ropa lo que las hace provocativas, con o sin intención de serlo. Y por otro lado, aflora el deseo de apropiación del hombre, que quiere coger su "chipita" y ver hasta dónde puede llegar: las bromas de mal gusto, las miradas indiscretas, etc.

Para las mujeres, una buena forma de vivir la pureza en el trabajo es cuidar la forma de vestir. Elegante y bien vestida, sí; provocativa y con poca ropa, ¡no! No puedes ir al trabajo como si fueras a la discoteca. Hay un código de vestimenta apropiado para cada lugar y situación. Es significativo el comentario que hicieron dos señoras en la cola de un banco al ver entrar a una chica casi desnuda: *«¡Y luego detienen a Mike Tyson!»* (en referencia a la condena del conocido boxeador por agresión sexual en circunstancias que habrían atenuado mucho la pena, debido al comportamiento frívolo de la "víctima"). Vivir con pudor es mantener esa tendencia natural a defender el control de la propia intimidad, no exponiéndola innecesariamente. De hecho, el pudor no sólo concierne al cuerpo, sino también al alma, porque los sentimientos y recuerdos personales están sujetos a esa reserva de intimidad, que no está abierta a cualquiera[30]. Basta con tener que responder ante Dios de los propios pecados: no te hagas corresponsable de los pecados de los demás mediante el escándalo.

Para el hombre, la lucha por vivir la virtud de la pureza en el trabajo comienza por "cuidar la vista". Escribe san Josemaría en *Camino*, recordando un pasaje bíblico:

> ¡Los ojos! Por ellos entran en el alma muchas iniquidades. —¡Cuántas experiencias a lo David!... —Si guardáis la vista, habréis asegurado la guarda de vuestro corazón[31].

El rey David, por mirar a Betsabé bañándose, acabó cometiendo un doble pecado: adulterio y el asesinato de su marido. Y todo empezó con una mirada descuidada.

Cuando estás enamorado de Dios y de tu cónyuge, es más fácil vencer las tentaciones contra la pureza. Por eso, una de las maneras de esforzarnos por vivir esta virtud es tener una foto de nuestra familia o de la Virgen en la mesa del trabajo, cuyo recuerdo servirá para alejar otros

---

[30] Cfr. Ada SIMONCINI, *O Pudor* (Quadrante, 1991 São Paulo).
[31] *Camino*, 183.

afectos desordenados que quieran anidar en nuestro corazón.

4) *La virtud de la laboriosidad*

La virtud que se entrelaza con el propio trabajo es la virtud de la laboriosidad, que nos lleva a asumir nuestro trabajo con seriedad y empeño, poniendo toda nuestra atención y dedicación en las tareas que tenemos entre manos, lo que se traduce en eficacia en todo lo que hacemos.

El peligro reside en la caricatura de la virtud de la laboriosidad, que es el activismo: esa actividad incesante que nos impide captar las necesidades de quienes nos rodean y el verdadero sentido de la vida.

La laboriosidad nos habla de aprovechar el tiempo, de orden en la realización de las tareas, de trabajar mucho y bien, pero sin perder el sentido de lo que se hace y para quién se hace.

No podemos caer en ninguno de los dos extremos históricos en la forma de ver el trabajo:

a) La visión aristocrática de los griegos —recogida por Aristóteles (384-322 a. C.)— era que el trabajo productivo era una necesidad, pero que rebajaba la elevación del espíritu, por lo que debía relegarse a los esclavos. El hombre libre dispondría del ocio necesario para reflexionar y ocuparse de su participación en la vida cívica;

b) La visión materialista de Marx (1818-1883), plasmada en sus *Manuscritos de 1844*, era una inversión de la postura griega: lo que tendría valor sería únicamente el trabajo del esclavo, que debería vencer al filósofo y al político, ya que toda actividad humana se reduciría a la producción de mercancías.

Así pues, no podemos caer en la indolencia de quienes se consideran superiores y se "rebajarían" realizando tareas de "menor importancia", ni en la frenética actividad de producir, hacer y realizar, pasando por encima de todo y de todos.

Así, la laboriosidad significa a menudo interrumpir la propia actividad concreta y prestar la debida atención a un compañero, a un hijo o a un subordinado, y esta ayuda o colaboración es la nueva tarea a la que debemos dedicarnos.

Por eso decía Torelló que «el trabajo o es un servicio o es mera esclavitud»[32]. En efecto, si perdemos el sentido y la noción de los verdaderos

---

[32] Cfr. José Luis ILLANES, op. cit., pg. 223.

destinatarios de nuestro trabajo, nos convertimos en meras máquinas productivas, en una actividad continua, intermitentemente impregnada de *estrés*, que es la huida de pensar a quién servimos realmente: ¿a Dios o a nosotros mismos?

5) *La virtud de la lealtad*

Dietrich von Hildebrand define la virtud de la fidelidad como un vínculo con el pasado[33], por el que no nos dejamos llevar por las sensaciones del presente, sino que conservamos lo esencial del pasado. Es un signo de profundidad interior, en contraste con la superficialidad de los inconstantes, de quienes ven como valioso lo presente. Pierden así de vista lo objetivamente valioso en cada momento.

La fidelidad, en términos humanos, se basa en la virtud de la lealtad, que es honrar la palabra dada: se manifiesta en la fidelidad a los compromisos adquiridos (en cualquier ámbito), sean fáciles o costosos. Lo recoge la fórmula matrimonial, cuando manifiesta esa fidelidad *«en la alegría y en la tristeza, en la salud y en la enfermedad»*.

---

[33] Cfr. *Atitudes Éticas Fundamentais* (Quadrante, 1998 São Paulo).

152

Jung Chang, la autora del libro *Cisnes salvajes*[34], al contar la historia de su familia —desde la China imperial, pasando por la China del Kuomintang y el dominio japonés, hasta la China comunista de Mao-Tse-Tung—, retrata la extrema lealtad de su padre a la revolución comunista, en un ejemplo de idealismo sincero, que se mantuvo leal incluso después de darse cuenta de que los ideales originales estaban siendo distorsionados por un régimen totalitario y explotador, del que se convirtió en víctima. Al final de su vida, sólo trató de restablecer la verdad sobre su imagen, que había sido difamada por el gobierno maoísta.

La lealtad es, desde otro punto de vista, considerar la amistad como uno de los valores más altos que se pueden alcanzar en la vida. Todo pasa —posesiones, riqueza, fama, prestigio, etc.—, pero las amistades que inicias en esta vida son un activo que te llevas a la siguiente. Teniendo amigos, lo tenemos todo. Y para la amistad, la lealtad es la piedra angular.

En el trabajo, la lealtad es una de las virtudes que podemos ejercitar a diario: defender a los amigos cuando son atacados, sin perder de vista sus posibles errores, pero sabiendo corregir

---

[34] Jung Chang, *Cisnes salvajes* (Circe Ediciones, S. L. U., 2004 Barcelona).

a solas, y ayudándoles a superarlos. Y la lealtad se demuestra precisamente en la adversidad: honrando el compromiso que toda amistad conlleva, cuando todo el mundo parece desertar.

En el trabajo, no podemos dedicarnos al deporte nacional (o internacional) de *hablar mal de la vida de los demás*: hemos de pensar que si hablan mal de nuestros compañeros a sus espaldas, también hablarán mal de nosotros a los demás. San Josemaría recomendaba: «No hagas crítica negativa: cuando no puedas alabar, cállate»[35]. Si procuramos hablar siempre bien de los demás y evitamos la malicia, nuestros amigos tendrán la seguridad de que, en cualquier momento, sabremos defenderles. Esta lealtad es una de las cosas más necesarias en el trabajo profesional, ya que hace que el ambiente sea favorable, por la confianza mutua, para el desarrollo de cualquier actividad que dependa del esfuerzo conjunto.

Un ejemplo de lealtad fue el de santo Tomás Moro, canciller de Enrique VIII, quien, siempre leal al rey, no estuvo de acuerdo con su divorcio y con el cisma que originó en la Iglesia anglicana. Cuando el rey quiso que todos los súbditos firmaran el documento de separación, Moro se

---

[35] *Camino*, 443.

negó, pero sin atacar al rey en ningún momento. Cuando el rey dijo que él debía firmar porque todos los demás lo habían hecho, Moro replicó que si ya tenía la firma de todos, no necesitaba la suya. Pero el rey insistió en que los demás eran una panda de aduladores y que la opinión de Moro era la que realmente importaba. Moro entonces le aclaró que no podía hacerlo, por respeto a su propia conciencia.

Para condenar a Tomás Moro se necesitó un falso testimonio. El diálogo que Robert Bolt describe en su libro *Un hombre para la eternidad* es muy revelador del carácter del santo:

—Tengo una pregunta para el testigo —dijo Moro—. Lo que lleva al cuello es un collar de cargo público. ¿Puedo verlo? ¡El dragón rojo! ¿Qué es esto?

—Sir Richard ha sido nombrado fiscal general de Gales —respondió Norfolk, que presidía el tribunal.

—¿Gales? —concluyó Moro—. Bueno, Richard, ni siquiera el mundo entero puede compensar a un hombre por la pérdida de su alma... ¡y mucho menos por Gales![36].

---

[36] La traducción es nuestra (N. del E.).

6) La virtud del desprendimiento

La virtud del desprendimiento es el nombre que mejor se ajusta a la pobreza de espíritu de la que habla Jesucristo en el Evangelio (1.ª de las bienaventuranzas mencionadas en el Sermón de la Montaña). No se trata de no tener, sino de estar desapegado de las cosas. No se trata de sentirse dueño de lo que se tiene, sino de ser administrador de ello.

Vivir la pobreza de espíritu en el trabajo significa saber que los instrumentos de que disponemos son medios y no fines, y que, por tanto, deben utilizarse con moderación y desprendimiento. Una mentalidad peligrosa que puede colarse es que si es la empresa la que paga o el Estado el que corre con los gastos, ¡lo propio es "aprovecharse"! Sin embargo, la templanza, el desprendimiento y la pobreza cristiana no se viven por razones económicas, sino ascéticas: la moderación se ejerce precisamente cuando se dispone de medios, y no porque no se tengan.

Así, se nos ocurren muchos ejemplos prácticos de desprendimiento en el trabajo: no elegir los platos más caros en una comida de negocios, o no "asaltar" el minibar del hotel, ya que es la empresa la que paga la cuenta; saber trabajar con el mismo empeño, cambiando quizá la estrategia, cuando el ordenador está estropeado o falta el bolígrafo, el cuaderno, el móvil o el coche que usábamos para trabajar; no alargar las horas de permanencia en la empresa, porque la tarea que estamos haciendo nos resulta atractiva y las obligaciones que nos esperan en casa quizá no tanto; etc.

7) La virtud de la alegría

Un aspecto fundamental del cristianismo es su optimismo[37]. Y un aspecto fundamental en el trabajo es el buen humor. No hay peor ambiente de trabajo que un conjunto de caras serias. La alegría es signo distintivo de los cristianos[38]. La santidad no es un ideal triste y descolorido.

La búsqueda de la santidad, la lucha interior, debe ser deportiva. Los contratiempos y las dificultades que encontramos en el trabajo no deben desanimarnos. Las derrotas no deben entristecernos. Debemos tener el buen humor de aquel hombre cuyo lema era: *«De derrota en derrota, hasta la victoria final»*.

---

[37] Cfr. Rafael LLANO CIFUENTES, *Otimismo* (Quadrante, 1994 São Paulo, 4.ª edición).

[38] Cfr. Rafael LLANO CIFUENTES, *A Alegria de Viver* (Quadrante, 1993 São Paulo).

La alegría que disfrutamos proviene de la certeza de la victoria final, cuando intentamos estar cerca de Dios, pase lo que pase en el camino. Es la alegría de una conciencia tranquila, dispuesta en todo momento a ser llamada por Dios.

Cuando nos esforzamos por vivir el ideal de santidad en medio del mundo, no tenemos miedo a la vida ni a la muerte. Cada día es una oportunidad para servir mejor a Dios, y si ese día llega la muerte, nuestra felicidad será aún mayor, porque ya podremos disfrutar del premio que nos espera en el cielo.

Por eso, la alegría que se experimenta en el trabajo es el sentimiento de plenitud de saberse instrumento en las manos de Dios para hacer grandes obras en bien de las almas y al servicio de Dios. En lugar de acumular tesoros de títulos y riquezas en esta tierra, queremos acumular tesoros de virtudes y buenas obras, que son el fruto de un trabajo santificado en nosotros.

De ahí la proximidad entre "trabajo" y "juego". Los niños ponen todo su empeño en sus juegos y disfrutan con ellos, independientemente de los resultados. El juego se agota en sí mismo. Es una distracción de la actividad productiva, que persigue un fin, una obra realizada.

Ahora bien, el ritmo natural del hombre es el del trabajo y el descanso, para recuperar fuerzas.

Y en este descanso se manifiesta la alegría del trabajo realizado.

> Trabajo y descanso, jornada laboral y fiesta, compromiso y oración, actividad productiva y profundización en la verdad del propio ser y destino, dan lugar, en su alternancia, al ritmo vital propio de un ser como el hombre, que es, sin duda, un ser para el trabajo (...) una persona dotada de valor por sí misma y no sólo por lo que produce[39].

---

[39] José Luis ILLANES, op. cit., p. 191.

PARTE III
LA SANTIFICACIÓN POR EL TRABAJO
(DIMENSIÓN INTERSUBJETIVA)

LA TERCERA FACETA de la santificación del trabajo propagada por san Josemaría se refiere a la influencia santificadora que el comportamiento coherente de un cristiano ejerce sobre quienes le rodean. En palabras suyas, se trata de «poner a Cristo en la cumbre de todas las actividades humanas», transformando el propio ambiente de trabajo y a quienes se encuentran en él en una obra de Dios.

Santificar a través del trabajo es, de hecho, continuar la obra iniciada por los doce apóstoles que, por llamada divina, pasaron de ser pescadores de peces a pescadores de hombres. En tres siglos, este núcleo inicial fue capaz de cristianizar el Imperio pagano. Lo lograron gracias a su fe en la misión que habían recibido y a su labor de difusión del ideal cristiano en todos los sectores de la sociedad.

A nosotros, como a cada generación de cristianos, nos corresponde llevar a cabo la obra del apostolado. Es una misión que recibimos con el bautismo. La palabra "apóstol" tiene origen griego y significa "enviado". Con el bautismo, cada cristiano es "enviado" a su entorno para acercar a Dios a todas las personas que encuentre: familiares, compañeros de trabajo, vecinos y amigos.

Este apostolado se realiza fundamentalmente mediante el ejemplo y la palabra, en un clima de amistad y confianza, que favorece la transmisión de los grandes ideales que uno lleva en el corazón.

I) Apostolado del ejemplo

Lo que más se exige del comportamiento de un cristiano es coherencia: que viva aquello en lo que cree. A menudo se ataca a la Iglesia como institución por los pecados de sus hijos. El mal ejemplo de muchos católicos es lo que más aleja a la gente de Dios y de la Iglesia. Como decía san Josemaría en *Camino*, deberían ser «menos católicos».

El apostolado del ejemplo en el trabajo es doble: dar ejemplo de coherencia de vida con las enseñanzas de Cristo y dar ejemplo de competencia profesional, como fruto de la santificación del propio trabajo.

En efecto, ¿cómo puede llamarse buen cristiano quien es mal padre de familia en su vida privada y un pésimo profesional en su vida pública?

«¡Qué me importa que me digan que fulanito es buen hijo mío —un buen cristiano—, pero mal zapatero! Si no se esfuerza en aprender bien su oficio, o en ejecutarlo con esmero, no podrá santificarlo ni ofrecérselo al Señor», decía Mons. Escrivá[1]. ¿Cómo puede sentirse atraído hacia los ideales divinos alguien a quien repugnan los ideales humanos?

Si la gracia no destruye, sino que perfecciona la naturaleza, ser un buen cristiano significa necesariamente ser un hombre íntegro. Por eso, en el apostolado del ejemplo, el prestigio profesional es el anzuelo para pescar hombres: los que son competentes en su profesión u oficio atraen, y a menudo se les pregunta por el secreto de su capacidad para trabajar mucho y bien. Y el secreto es precisamente tratar de vivir las virtudes cristianas; es tener un ideal superior que impulsa a trabajar duro.

De ahí surge naturalmente el apostolado de la palabra: revelar a los amigos este secreto de la alegría continua en el trabajo; de la fortaleza ante las dificultades; de la felicidad que desborda.

---

[1] *Amigos de Dios*, op. cit., n. 61.

II) Apostolado de la palabra

El buen ejemplo no basta para acercar a las personas a Dios. La ignorancia religiosa es uno de los mayores males que afectan a los hombres de hoy. Los valores cristianos y religiosos ya no se transmiten en el seno de las familias. Hay una verdadera omisión en nombre de la "libertad" de conciencia: «Cuando crezcas, ¡entonces elegirás!». Pero para elegir, que es un ejercicio de la voluntad, hay que saber. Y el desconocimiento de los rudimentos de la fe católica que vemos en muchos que se dicen católicos es el caldo de cultivo de los prejuicios que difunden quienes pretenden destruir la fe y la moral cristianas y así justificarse.

Por tanto, hay que hablar a la gente de Dios. Necesitamos enseñar la doctrina cristiana a tantos que conviven con nosotros en nuestro entorno laboral. Sobre todo, hay que iluminar a la gente para que vea lo que en su vida no es compatible con las enseñanzas de Cristo, las únicas verdaderamente salvíficas.

Hablar de Dios no es salir a la calle con un megáfono, proclamando que «¡Jesús es el Salvador!». No se trata de propaganda de masas. Se trata de transmitir nuestras inquietudes espirituales a quienes son nuestros verdaderos amigos.

De la misma manera que hablamos de política, de fútbol o de trabajo, deberíamos hablar de Dios, que es el sentido de nuestra existencia: con la misma naturalidad, porque es el tema que, en definitiva, más nos debería importar.

Para mí, uno de los mejores ejemplos de este apostolado de la palabra se encuentra, cómo no, en las páginas del Evangelio, en el relato de cómo san Felipe acercó a Jesucristo a san Bartolomé (también llamado Natanael) (*Juan* 1, 43-51):

Al día siguiente, Jesús se encaminó hacia Galilea y encontró a Felipe. Y le dijo Jesús:

—Sígueme.

Felipe era de Betsaida, la ciudad de Andrés y Pedro.

Felipe encontró a Natanael y le dijo:

—Hemos encontrado a aquel de quien escribieron Moisés en la Ley y los profetas: Jesús de Nazaret, el hijo de José.

Entonces le dijo Natanael:

—¿De Nazaret puede salir algo bueno?

—Ven y verás —le respondió Felipe.

Vio Jesús a Natanael acercarse y dijo de él:

—Aquí tenéis a un verdadero israelita en quien no hay doblez.

Natanael le contestó:

—¿De qué me conoces?

Respondió Jesús y le dijo:

—Antes de que Felipe te llamara, te vi cuando estabas debajo de la higuera.

Natanael le dijo:

—Rabbí, tú eres el Hijo de Dios, tú eres el Rey de Israel.

Jesús le respondió:

—¿Porque te he dicho que te vi debajo de la higuera crees? Verás cosas más grandes que esta.

Y añadió:

—En verdad, en verdad os digo que veréis el cielo abierto y a los ángeles de Dios subir y bajar sobre el Hijo del hombre.

La conversación de san Felipe con san Bartolomé es un paradigma de la perseverancia apostólica. Felipe acude entusiasmado a contar a su amigo Natanael su descubrimiento espiritual. No le propone nada, sólo se lo cuenta. Pero ante la "paliza" de su amigo, no pierde ni la fe ni la esperanza, y vive la caridad en extremo, queriendo que sus seres queridos participen de la alegría de su encuentro con Cristo. Se ofrece a presentárselo. Luego, si no le gusta, podrá seguir su camino, pudiendo hablar con conocimiento de causa y sin dejarse llevar por prejuicios. Pero Cristo acaba atrayendo también a Natanael. Uno se pregunta qué pensaba el interpelado cuando Cristo le dice que lo vio bajo la higuera. ¿Estaría pensando sobre el Mesías?

Como se desprende de este pasaje evangélico, el clima propio del apostolado cristiano es el de la amistad y la confidencia: es con los amigos con quienes nos abrimos y hablamos de lo que nos es más querido e íntimo. Y en este clima de amistad surgen las confidencias, con la libertad de hablar de lo que va bien o mal con los que nos importan.

El apostolado es algo muy personal. No se puede hacer este apostolado en grupo, porque las almas son distintas y requieren una atención particular: hay que comprender a cada uno para poder ayudarle. Este es el apostolado propio de los laicos en su ambiente de trabajo: ganar para Cristo a cada uno de sus compañeros de trabajo, calentar espiritualmente el ambiente: los que son indiferentes llegarán a ver la religión como algo importante, y los que ya la practican descubrirán un nuevo panorama de crecimiento en su vida espiritual.

CONCLUSIÓN
UNA ESPIRITUALIDAD LAICA

I) Mandamientos y consejos evangélicos

En el conocido pasaje evangélico del joven rico, Cristo presenta dos niveles de exigencia en la vida cristiana.

> Y se le acercó uno a Jesús, y le dijo:
> —Maestro, ¿qué obra buena debo hacer para alcanzar la vida eterna?
> Él le respondió:
> —¿Por qué me preguntas sobre lo bueno? Uno solo es el bueno. Pero si quieres entrar en la Vida, guarda los mandamentos.
> —¿Cuáles? —le preguntó.
> Jesús le respondió:
> —No matarás, no cometerás adulterio, no robarás, no levantarás falso testimonio, honra a tu padre y a tu madre y ama a tu prójimo como a ti mismo.

El joven le dijo:

—Todo esto lo he guardado. ¿Qué me falta aún?

Respondió Jesús:

—Si quieres ser perfecto, anda, vende tus bienes y dáselos a los pobres, y tendrás un tesoro en el cielo. Después, ven y sígueme.

Al oír esto, el joven se fue triste, porque tenía muchas riquezas (*Mt* 19, 16-22).

Tradicionalmente, estos niveles o umbrales se han considerado de:

a) salvación - cumplimiento de los mandamientos (nivel al que deben llegar los laicos, viviendo en medio de las vicisitudes del mundo);

b) perfección - ejercicio de los consejos evangélicos (el nivel más alto, propio de los religiosos, mediante los votos de pobreza, obediencia y castidad).

Una exégesis tan aislada de este pasaje fue uno de los factores que dieron lugar a esta dicotomía[1]: por un lado, los laicos, con el techo bajo y limitándose a no pecar gravemente; y por otro, los

---

[1] Cfr. José Luis ILLANES, *Tratado de Teología Espiritual*, op. cit.

religiosos, dándolo todo a Dios y sirviéndole en la búsqueda de la santidad personal.

Si, por una parte, la lectura de la vida de los santos religiosos nos lleva a querer imitar su espíritu (aunque no necesariamente su forma de vida), como en el caso de la lectura de los incomparables *Tres monjes rebeldes* del padre M. Raymond[2], por otra, el desprendimiento de las cosas del mundo no es para todos ni para la mayoría de los cristianos, cuya misión laical es precisamente cristianizar las estructuras temporales, es decir, animar con espíritu cristiano todas las actividades humanas.

El Magisterio de la Iglesia en el Concilio Vaticano II vino a romper esta dicotomía mediante la exégesis sistemática de la Escritura, como ya hemos visto, desarrollando la doctrina de la llamada universal a la santidad, especialmente en la Constitución Apostólica *Lumen gentium*. Así, en el citado pasaje evangélico, el mayor énfasis en el ideal de perfección reside en el seguimiento de Cristo («luego ven y sígueme»), con una pobreza que para todos es de espíritu (cf. *Mt* 5,3), es decir, de desprendimiento interior, más que de vivir sin bienes materiales.

---

[2] Santos fundadores del Císter: Ss. Roberto de Molesmes, Alberico y Esteban Harding (Minha Biblioteca Católica, 2018, Dois Irmãos).

Así, para el simple creyente cristiano, el ideal de santidad no sólo es accesible, sino que es verdadera vocación cristiana, conjugando en ella su vocación familiar y su vocación profesional, cumpliendo los dos primeros mandamientos recibidos con la creación: «Creced y multiplicaos, llenad la tierra y sojuzgadla» (*Génesis* 1,27).

En otras palabras, mandamientos y perfección no son en realidad vocaciones disyuntivas, sino complementarias. Podemos quedarnos en la mediocridad del joven rico que se fue triste, o podemos aspirar al ideal de la perfección, aunque estemos a años luz de los niveles que nos gustaría alcanzar.

II) LA PERFECCIÓN CRISTIANA
AL ALCANCE DE TODOS

Cuando santo Tomás de Aquino aborda la cuestión de la perfección cristiana en su *Suma Teológica*, resume este ideal en un silogismo perfecto, en la práctica del amor a Dios y al prójimo:

Cada uno es considerado perfecto cuando alcanza su propio fin, que es su perfección última. Ahora bien, por la caridad nos unimos a Dios, fin último del alma humana, pues «el que permanece en la caridad, permanece en Dios, y Dios en él», como se dice en la primera carta de Juan. Por tanto, es especialmente a través de la caridad como se define la perfección de la vida cristiana[3].

El Aquinate se pregunta a continuación: «¿La perfección de la vida presente consiste en observar los preceptos o también los consejos?». Es decir, ¿basta con cumplir los mandamientos para ser perfecto en la caridad y en la vida cristiana, o es necesario vivir los consejos evangélicos de desprenderse de todo lo que se tiene para seguir a Cristo, como se propone al joven rico en el conocido pasaje evangélico?[4].

Y concluye que la perfección cristiana consiste esencialmente en vivir los preceptos o mandamientos[5], y que los consejos evangélicos[6] —en relación con los laicos, que no tienen vocación religiosa— deben ser vividos afectiva más que efectivamente, es decir, con

---

[3] Parte II, Sección II, Cuestión 184, Artículo 1.

[4] Ibid., Artículo 3.

[5] Enumeración de la tradición católica: 1.º Amar a Dios sobre todas las cosas; 2.º No usar su santo nombre en vano; 3.º Guardar los domingos y fiestas; 4.º Honrar al padre y a la madre; 5.º No matar; 6.º No cometer adulterio; 7.º No robar; 8.º No mentir; 9.º No codiciar a la mujer del prójimo y 10.º No codiciar lo ajeno.

[6] En la tradición monástica latina: votos de pobreza, obediencia y castidad.

desprendimiento interior, más que despojándose de todo bien.

Así pues, la esencia de la perfección cristiana reside en el amor a Dios y al prójimo, como recordaba el gran maestro de la Edad Media y de todos los tiempos.

Pasando al mundo actual, en el que se recurre cada vez más a la inteligencia artificial, me viene a la mente *Robots e imperio*, la novela de ciencia ficción de Isaac Asimov, en la que dos robots discuten sobre el comportamiento de los seres humanos, basándose en su propio comportamiento robótico.

En su saga de la *Fundación* y de novelas de detectives robóticos, el célebre escritor norteamericano de origen ruso establece las *"Tres Leyes de la Robótica"*, que guiarían todo el comportamiento del cerebro positrónico:

1.ª Ley. —Un robot no debe herir a un ser humano ni, por inacción, permitir que un ser humano sufra daño alguno;
2.ª Ley. —Un robot debe obedecer las órdenes que le den los seres humanos, salvo en los casos en que entren en conflicto con la 1.ª Ley;
3.ª Ley. —Un robot debe proteger su propia existencia, siempre que dicha protección no entre en conflicto con las Leyes 1.ª y 2.ª.

Pues bien, el debate entre Daneel Olivaw y Giskard, los dos robots cuasi humanos, se centra en el colapso de otro robot de apariencia humana, debido a un conflicto interno en el cumplimiento de las Tres Leyes, cuando tiene que optar por salvar a un ser humano al que debe proteger de la amenaza de otro ser humano, al que acaba hiriendo. Cuando hablan del malestar cerebral que sienten en esos momentos, se dan cuenta de que los seres humanos también pasan por dilemas éticos y por malestar, sintiendo remordimientos cuando no siguen determinados comportamientos. Llegan a la conclusión de que, aunque muchas acciones humanas son inexplicables (Daneel siempre recordaba las *intuiciones* de su compañero investigador humano Elijah Baley), también deberían existir "Leyes de la Humanidad" que deberían seguir los humanos.

Pues bien, las "Leyes de la Humanidad" son, obviamente, los Diez Mandamientos, que podrían compararse, en esta metáfora, al manual de instrucciones de esa criatura llamada ser humano. La falta de explicación de muchas acciones humanas, vistas desde la perspectiva de los robots, se debe al factor libertad que posee el ser humano y que le define como ser espiritual.

La libertad es el rasgo más característico del ser humano, incluso en relación con la inteligencia artificial, porque significa autodeterminación para el bien, sin estar físicamente obligado a ello, como los robots.

Por eso, para el hombre, seguir libremente el manual de instrucciones, que son los mandamientos, es la certeza de que todo funcionará bien y de que alcanzará su felicidad a través del amor, que es lo que realiza a las personas. Que una máquina se utilice para fines distintos de aquellos para los que fue diseñada puede significar que se estropee y quede inservible (como utilizar un calibre como martillo).

Toda esta analogía sirve para decir que la observancia de los mandamientos está umbilicalmente unida a la plena realización humana, en un *crescendo* de búsqueda de la perfección cristiana. Y que eso significa tratar de imitar el modelo de Dios hecho Hombre, cuyas obras de Creación y Redención fueron motivadas exclusivamente por el Amor. En otras palabras, fuimos creados por amor y para amar. Este es el destino del hombre y lo que lo realiza.

Siguiendo con la metáfora, diría que nuestras *"Tres Reglas de Perfección Cristiana"*, que guiarían nuestras acciones en busca de la santidad, podrían ser:

1.ª Ley. —Cumplir las costumbres de piedad de nuestro plan de vida espiritual de relación con Dios con el mayor esmero posible;

2.ª Ley. —Santificar nuestro trabajo, realizándolo con la mayor perfección posible y ofreciéndolo a Dios;

3.ª Ley. —Ser apóstoles en nuestro ambiente profesional y familiar, procurando acercar a Dios a todos los que conviven con nosotros, con el ejemplo y con palabras de comprensión y aceptación.

En las novelas de Asimov, los robots llegan a la conclusión de que las tres leyes son insuficientes para cumplir su misión de servicio a los seres humanos. Formulan una Ley Cero propia, que reza así: *«Un robot no puede dañar a la Humanidad, ni permitir que se dañe a la Humanidad».* Y esta ley condicionaría a las demás. Concluyendo la metáfora, nuestra Ley Cero no podría ser otra que la Ley de la Caridad o del Amor, en lo que los teólogos llaman el "Doble Precepto de la Caridad", es decir, el amor a Dios y el amor al prójimo: cómo demostramos nuestro amor a Dios y al prójimo a lo largo del día, en nuestro trabajo y en nuestra familia (buscando también un mejor equilibrio trabajo-familia, sabiendo que lo segundo prima sobre lo primero).

Esto sería un buen guion para un examen de conciencia vespertino, para ver si avanzamos en nuestra búsqueda de la santidad en el trabajo y en la familia.

En cuanto a la 1.ª Ley, nuestro plan de vida espiritual, entre las prácticas de piedad ya analizadas en el capítulo anterior, se podría incluir básicamente:

a) De 10 a 15 minutos de meditación, con algún libro espiritual (como *Camino*, *Imitación de Cristo*, y muchos otros), para hablar con Dios de Él y de nosotros mismos, para conocerle mejor a Él y a nosotros mismos;

b) 5 minutos de lectura del Evangelio, para conocer la vida de Cristo, modelo de nuestra vida;

c) 10 minutos de lectura espiritual, con un libro que nos ayude a comprender las verdades de la fe y los mecanismos de la vida espiritual;

d) de 2 a 3 minutos de examen de conciencia al final del día, haciendo balance de lo que hemos hecho, pidiendo perdón a Dios por nuestras faltas, agradeciéndole su ayuda y haciendo planes de mejora para el día siguiente.

Mientras que el benedictino tiene sus horas litúrgicas (maitines, laudes, horas intermedias, vísperas y completas), recitando el Oficio Divino durante mucho tiempo, para el laico que se dedica al trabajo profesional, basta con reservar unos minutos al día, siguiendo las costumbres de piedad vistas anteriormente, bien repartidas a lo largo de la jornada, para alimentarse de Dios (el total para quien quiera empezar ronda la media hora, que no matará a nadie).

En cuanto a la 2.ª Ley, el secreto está en intentar trabajar en presencia de Dios, siguiendo el mandamiento dado a Abraham («Camina en mi presencia y sé perfecto»[7]), porque si nos damos cuenta de que Dios nos ve en todo lo que hacemos y queremos hacer Su Voluntad en todas nuestras actividades, decidiremos lo mejor y haremos el mayor bien.

Por último, en cuanto a la 3.ª Ley, no se trata sólo de hablar de Dios a los demás cuando se presenta la ocasión, sino de vivir la vida apostólicamente, dando ejemplo de coherencia entre nuestras palabras y nuestras obras, ayudando a los demás en sus necesidades materiales y espirituales.

---

[7] Génesis 17, 1.

Así pues, puede decirse que la santidad o el ideal de perfección cristiana y excelencia técnica, unida a la excelencia ética, está al alcance de todos. Lo que falta es hacer de ella un ideal deseable.

III) Santidad y felicidad

El Catecismo de la Iglesia Católica, publicado por el papa Juan Pablo II en 1997, se centra en la parte moral de la doctrina cristiana a través del prisma de la "causa final" de todo comportamiento humano. La visión tradicional de la vida moral como mero cumplimiento de mandamientos, que podría conducir a la concepción kantiana de obligaciones arbitrarias establecidas por Dios, así como la visión clásica del simple ejercicio de las virtudes para la mejora personal, se sublima en el Catecismo al centrarse en las bienaventuranzas, es decir, en lo que puede hacer feliz al hombre. Así, tanto los mandamientos (algunos expresados de forma negativa) como las virtudes (en su expresión de buena conducta) se dirigen al fin de la felicidad humana, en la expresión de las bienaventuranzas (bienes verdaderos en la tierra para adquirir el bien eterno).

Por eso el Catecismo, en el punto 1720, recoge la feliz expresión de san Agustín de cómo será el cielo, como fin último del hombre virtuoso que cumple la voluntad de Dios expresada en los mandamientos:

> Allí descansaremos y veremos; veremos y nos amaremos; amaremos y alabaremos. He aquí lo que acontecerá al fin sin fin. ¿Y qué otro fin tenemos, sino llegar al Reino que no tendrá fin?[8].

Así pues, ser santo, buscar la santidad, esforzarse por identificar la propia vida con la vida de Cristo no es un ideal inalcanzable ni un sacrificio imposible. Es, de hecho, el secreto de la felicidad en esta vida y en la otra. Decía san Josemaría, en uno de los últimos puntos de su libro *Forja*:

> Cada vez estoy más persuadido: la felicidad del Cielo es para los que saben ser felices en la tierra[9].

No podemos ver la vida como una disyuntiva entre la mundanidad de entregarse a todos los placeres —queriendo disfrutar de todo lo que podamos en esta tierra, porque no sabemos si habrá un *"más allá"*—, o el victimismo de los que se abstienen de todo —en un sacrificio espartano, a la espera de un premio que sólo llegará en el *"más*

---

[8] *De Civitate Dei*, 22, 30.
[9] *Forja*, n. 1005 (Rialp, Madrid).

allá"—. El cristiano es aquel que es feliz tanto en esta vida, abrazando todos los sacrificios que conlleva, como aún más en la otra, donde verá directamente a Aquel que buscó y encontró, de forma velada, ya en esta tierra.

El célebre y santo obispo Fulton Sheen, al comienzo de su autobiografía *Tesoro en vasija de barro*, expone bien esta esperanza del Cielo, que guía toda la vida del cristiano, a pesar de todos los contratiempos y defectos:

> No sé cómo me juzgará Dios, pero confío en que me mirará con misericordia y compasión. Sólo estoy seguro de que habrá tres sorpresas en el Cielo. En primer lugar, veré a algunas personas que no esperaba ver allí. En segundo lugar, habrá muchos que esperaba que estuvieran allí, pero no estarán. Y, aun confiando en su misericordia, la mayor sorpresa de todas puede ser que yo esté allí[10].

Y Chesterton, célebre periodista inglés, concluye su libro *Ortodoxia* subrayando precisamente esta visión optimista del cristianismo:

> La alegría, que era la pequeña ventaja del pagano, es el gigantesco secreto del cristiano.

---

[10] Logos, Buenos Aires, 2013.

Y al cerrar este caótico volumen, abro ese curioso y pequeño libro del que ha salido todo el cristianismo; y presiento de nuevo una especie de confirmación. La tremenda figura que ocupa las torres de los Evangelios se eleva, en este aspecto como en todos los demás, por encima de todos los pensadores que alguna vez se creyeron altos.

Su *pathos* era natural, casi espontáneo. Los estoicos, antiguos y modernos, se enorgullecían de ocultar sus lágrimas[11]. Pero Él nunca ocultó sus lágrimas. Las mostró patentemente en su rostro abierto en cualquier circunstancia de la vida diaria, como al contemplar de lejos su ciudad[12]. Sin embargo, ocultó algo. Los solemnes superhombres y los diplomáticos imperiales se enorgullecen de contener su ira. Él nunca contuvo su ira. Tiró muebles por las escaleras del Templo y preguntó a la gente cómo esperaba escapar de la condena del Infierno[13]. Pero se guardó algo. Lo digo con respeto. En esa personalidad arrolladora se daba un

---

[11] Es el ethos e ideal filosófico de soportar los inconvenientes y vaivenes de la vida sin alterarse, controlando las emociones.

[12] Antes de la pasión al acercarse a Jerusalén y contemplarla, el Señor lloró (*Lc* 19, 41-44). Jerusalén es la ciudad del Mesías. También se conmovió y lloró en la muerte de Lázaro (*Jn* 11, 32-36) y se angustió en el Huerto de los Olivos (*Mt* 26-37); y se compadeció de la viuda de Naín (*Lc* 7,11-15) y de las multitudes (*Mt* 9, 36).

[13] Derribó las mesas al echar a los mercaderes del templo (*Jn* 2,13-16). También increpó a los malos fariseos: «Raza

rasgo que se puede llamar timidez. Y había algo que ocultaba a todos cuando subía a la montaña a orar. Había algo que ocultaba constantemente con un repentino silencio o un rápido aislamiento. Había una cosa que era demasiado grande para que Dios nos la mostrara mientras caminaba sobre nuestra tierra. Y he imaginado, a veces, que era su gozo[14].

Por eso, la santificación del trabajo aparece como el camino propio del cristiano en medio del mundo, que ha descubierto el sentido más profundo de la existencia y quiere cumplir en todo momento la Voluntad de Dios, retribuyendo a Aquel que lo ha creado y redimido todo el amor que le ha demostrado. Este es nuestro destino en la Tierra.

Ante el panorama esbozado en estas páginas, podemos simplemente exclamar: *¡Es un ideal utópico!* Pero si sabemos combinar un sano idealismo con un realismo concreto, como aquí se propone, podemos concluir, parafraseando (un tanto libremente) a Bernard Shaw[15]:

---

de víboras, ¿cómo vais a escapar de las penas del infierno?» (*Mt* 23,33-35).

[14] G. K. CHESTERTON, *Ortodoxia* (Rialp, 2022, 4.ª ed. Traducción y notas de Juan Luis Lorda).

[15] La frase original es: «*Vosotros veis cosas; y decís: «¿Por qué?». Pero yo sueño cosas que nunca fueron; y digo: «¿Por qué no?»*».

Hay hombres que ven las cosas como son y se preguntan: ¿Por qué? Yo veo las cosas como deberían ser y me pregunto: ¿Por qué no?

El contexto original (en su libro *Volver a Matusalén*, "En el principio", 1921) es la propuesta de la serpiente a Eva.

PATMOS, LIBROS DE ESPIRITUALIDAD
Selección de títulos

ESTE LIBRO, PUBLICADO POR
EDICIONES RIALP, S. A.,
MANUEL URIBE, 13-15, 28033 MADRID,
SE TERMINÓ DE IMPRIMIR
EN ARTES GRÁFICAS ANZOS, S. L.,
FUENLABRADA (MADRID),
EL DÍA 16 DE DICIEMBRE DE 2025.